Der Bildungsroman als Literarisches Opfer

Münchener Studien zur literarischen Kultur in Deutschland
Herausgegeben von
Oliver Jahraus
Gegründet von Renate von Heydebrand
Georg Jäger
Jürgen Scharfschwerdt

Band 43

PETER LANG
Frankfurt am Main · Berlin · Bern · Bruxelles · New York · Oxford · Wien

Eun Ju Suh

Der Bildungsroman als Literarisches Opfer

PETER LANG
Internationaler Verlag der Wissenschaften

Bibliografische Information der Deutschen Nationalbibliothek
Die Deutsche Nationalbibliothek verzeichnet diese Publikation
in der Deutschen Nationalbibliografie; detaillierte bibliografische
Daten sind im Internet über http://dnb.d-nb.de abrufbar.

Zugl.: München, Univ., Diss., 2011

Umschlaggestaltung:
Atelier Platen, Friedberg

Gedruckt auf alterungsbeständigem,
säurefreiem Papier.

D 19
ISSN 0178-7640
ISBN 978-3-631-61871-4
© Peter Lang GmbH
Internationaler Verlag der Wissenschaften
Frankfurt am Main 2011
Alle Rechte vorbehalten.

Das Werk einschließlich aller seiner Teile ist urheberrechtlich
geschützt. Jede Verwertung außerhalb der engen Grenzen des
Urheberrechtsgesetzes ist ohne Zustimmung des Verlages
unzulässig und strafbar. Das gilt insbesondere für
Vervielfältigungen, Übersetzungen, Mikroverfilmungen und die
Einspeicherung und Verarbeitung in elektronischen Systemen.

www.peterlang.de

Dir

Inhaltsverzeichnis

A. Thema Regium	1
1. Der Bildungsroman als literarischer Kanon und literarisches Opfer	2
2. Der Bildungsroman als männliche Gattung	6
3. Der Bildungsroman als Ideologie der Moderne	9
B. Canones diversi super Thema Regium	16
I. Canon 1: Goethes *Wilhelm Meisters Lehrjahre*	20
II. Canon 2: Kellers *Der grüne* Heinrich	45
III. Canon 3: Manns *Der* Zauberberg	62
C. Canon a 2 cancrizans	80
D. Post Canonem	89
Literaturverzeichnis	91

A. Thema Regium

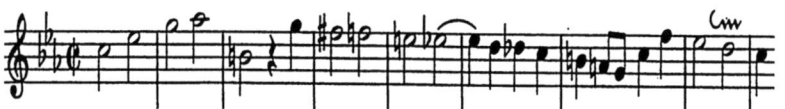

---

1 Johann Sebastian Bach: *Musikalisches Opfer*. In: Ders.: *Neue Ausgabe Sämtlicher Werke*. Bd. VIII: Kanons, Musikalisches Opfer, Kunst der Fuge. Kassel 1974. S.14.

1. Der Bildungsroman als literarischer Kanon und literarisches Opfer

Für das moderne Subjekt ist die Zeit der Moderne ein aufsteigender Weg. Diese Aszendenz gleicht einer unendlichen Treppe. Das Gesetz einer Permanenz von Aufstieg, Steigung und Steigerung ist – unter der Idee oder dem Schlagwort des Fortschritts und überwölbt von einer progressionistischen Geschichtsphilosophie – auf sämtlichen Gebieten des Lebens, der Gesellschaft und der Kultur wirksam, den individuellen wie den kollektiven. Es beansprucht Geltung und Gültigkeit im ökonomischen, im sozialen, im politischen, im institutionellen, im künstlerischen Feld – und nicht zuletzt auch auf jenem Gebiet der Bildung, das auf literarischem Terrain in der Gattung des Bildungsromans seine kanonische Gestalt gefunden hat.

Seit dem Beginn der Moderne – jener Groß-Epoche, die in der vorliegenden Untersuchung über Johann Wolfgang von Goethes *Wilhelm Meisters Lehrjahre*, Gottfried Kellers *Der grüne Heinrich* und Thomas Manns *Der Zauberberg* sowohl hinsichtlich ihrer (literatur-)geschichtlichen Erstreckung als auch ihres Subjekt-Modells mit der Epoche des Bildungsromans zusammenfällt – wird das erste und früheste Muster des Bildungsromans bis an ihr Ende (und sogar darüber hinaus) weiter- und höhergeführt, fort- und emporgeschrieben. Im Prozess und Progress der literaturimmanenten Gattungs-Entwicklung wird das von Goethes Roman inaugurierte Grund-Muster des Bildungsromans einerseits beibehalten und fortgeführt, tradiert und konserviert. Andererseits aber erfährt das sich über den gesamten Zeitraum der Moderne hinweg perpetuierende Modell des Bildungsromans auch eine kontinuierliche Variation, die ihrerseits an sich verändernden politischen und gesellschaftlichen Umständen wie an binnenliterarischen Entwicklungstendenzen orientiert ist und die immanente Gattungs-Evolution des Genres Bildungsroman darstellt.

Das Schema des Bildungsromans, das sich in Wechselwirkung mit den literarischen und außerliterarischen Entwicklungen zur Entstehungszeit des einzelnen Exemplars der Gattung zum Zeitpunkt der Mitte bzw. des Endes der Moderne gegenüber deren Beginn verändert, wird sowohl in seinem invarianten Kern *kontinuiert* als auch nach den spezifischen (literar-)historischen Umständen *modifiziert*. Es wird für die Zeit seiner Geltung in seiner unveränderlichen, invarianten, zeitenthobenen Substanz wiederaufgenommen und zugleich – ohne Zerstörung des grundlegenden ursprünglichen Musters – in seinen Akzidenzien variiert. Jede der unterschiedlichen Phasen der Moderne, die, beschränkt auf deutschsprachige Texte, in der vorliegenden Untersuchung durch jeweils einen Roman vertreten ist, hat ihren eigenen, für seine jeweilige Zeit (oder Sub-Epoche) exemplarischen und repräsentativen Bildungsroman hervorgebracht.

Zugleich aber repräsentiert und verdichtet die Gattung des Bildungsromans, die sich über ihre unterschiedlichen literaturgeschichtlichen Ausprägungen hinweg durch die gesamte Epoche der Moderne hindurch fortschreibt, nach der zugrundeliegenden erkenntnisleitenden These der vorliegenden Untersuchung den *Inbegriff des modernen Subjekts*. Der Bildungsroman – von seinem Aufgang bei Goethe, seiner chronologischen Mitte bei Keller und seinem Untergang bei Mann – stellt jene literarische Gattung dar, in der sich die Konzeption und die Verfassung des modernen Subjekts in ihrer reinsten und prononciertesten Ausprägung vorfinden. Früh-, Mittel- und Endphase des Genres Bildungsroman umfassen zugleich die Epoche und die Epochen, die Phase und die Phasen des modernen Subjekts.

Hinsichtlich seiner gattungskonstitutiven *inneren Struktur*, deren Invariantes überhaupt erst die Rede von einer literarischen *Gattung* namens Bildungsroman gestattet, lässt sich der Bildungsroman – jenes literarische Genre also, welches thematisch die *Zeit* und das *Subjekt* der Moderne repräsentiert und diese zugleich strukturell zu einer epochalen *Formge-*

stalt verdichtet – aufgrund seiner formalen Homologie mit der *musikalischen* Gattung des *Kanons* parallelisieren; diese formale Äquivalenz von literarischer und musikalischer Gattung hat in ihrer Terminologie die Titelwahl der vorliegenden Untersuchung wie die Benennung ihrer Hauptkapitel geprägt: Der Bildungsroman ist – wie die unmittelbar nachfolgenden Ausführungen, die zunächst den formalen Aspekt dieser Strukturparallele genauer herausarbeiten, evident zu machen versuchen – ein *literarischer Kanon als Musik zum Lesen*. Seine Form gibt in ihrer Dialektik von Substanz und Varianz die Epoche(n) des modernen Subjekts zu sehen/hören.

Unter den zahlreichen unterschiedlichen Formen des musikalischen Kanons findet sich eine Variante, die sich als besonders geeignet zur Analyse der immanenten Struktur des Bildungsromans erweist: nämlich der sogenannte *Canon a 2 per Tonos* aus Johann Sebastian Bachs *Musikalischem Opfer* (BWV 1079). Bei dieser Komposition handelt es sich um einen Kanon, dessen Töne durch den Wechsel der Tonart unendlich ansteigen (und in diesem steigenden Weg die Aszendenz der Moderne akustisch versinnbildlichen): Der Kanon beginnt in c-Moll. Die einleitenden acht Takte, die den ersten Zyklus des Kanons bilden, enden nicht in c-Moll, sondern in d-Moll. Da nach der bestimmenden Regel der Kanon-Form der letzte Ton des ersten Kanons zugleich den ersten Ton des zweiten Kanons bilden muss, ergibt sich ein Beginn des zweiten Kanons in d-Moll, der seinerseits in e-Moll endet. Die weiteren Stufen und Tonart-Wechsel des ansteigenden Kanons lauten dann f#-Moll, Ab-Moll und Bb-Moll. Nach diesen Durchläufen kehrt, im sechsten Kanon, der musikalische Abschluss endlich in jenes c-Moll zurück, mit dem der Kanon begonnen hatte. Die Tonarten fallen zusammen, der Kreis ist geschlossen und vollendet – aber freilich nur scheinbar.

Denn: *the show must go on*. Aufgrund des Fortschritts- und Steigerungsgesetzes, das dem Kanon wie der Moderne gleichermaßen eingeschrieben ist, sind die beiden Tonarten nach dem Abschluss der Sequenz ihrer Veränderungen zwar wieder dieselben, aber das zweite c-Moll, in das sie schließlich münden, liegt *um eine Oktave höher* als das erste. Der vermeintliche Kreisgang des Kanons bildet in Wahrheit eine aszendente Spirale, die sich vertikal in die dritte Dimension öffnet; er ist gewissermaßen zu einer nach oben führenden Wendeltreppe geworden. Wendeltreppen aber, die zur Gattung der Nicht- oder Unorte gehören, müssen (falls man es nicht liebt, sich auf einer ihrer Stufen häuslich einzurichten) bis zum Ende gegangen werden. Es gibt keine wohnliche Mitte auf einer Treppe und kaum einen Zwischenaufenthalt, der Besseres als eine Atopie als Aufenthaltsort bieten würde, sondern nur Anfang und Ende. Auch nach dem zweiten Durchlauf, der wieder bei c-Moll (oder, genauer gesagt, bei einem um eine Oktave nach oben versetzten c-Moll) endet, geht der Kanon demzufolge weiter – und zwar prinzipiell *ad infinitum*. Exakt dieselbe unendliche, infinite Steigerungsstruktur aber kennzeichnet auch die – spezifisch moderne – Gattung des Bildungsromans, die den Bildungsweg des Protagonisten – ihn selbst, seine Bildung, seine Selbst-Bildung – gleich einer Wendeltreppe unablässig auf ein beständig höher werdendes Niveau emporführt.

Für beide Kanons – den musikalischen wie den literarischen – bedarf es zu allererst eines bestimmten, exakt umrissenen und wohldefinierten Themas, welches das Fundament oder die Ausgangsbasis, die materiale Grundlage oder das Substrat der Variationen bildet, vor dessen Hintergrund sich eine Variation überhaupt erst als Variation konstituieren kann. Bachs *Musikalisches Opfer* ist Friedrich dem Großen gewidmet. Der preußische König ist – über eine bloße Geste der Ehrerbietung seines Untertanen hinaus – gerade deshalb der ideale Widmungsempfänger, weil er selbst, die Majestät höchstpersönlich, es gewesen ist, welche geruhte, seinem Komponisten oder Tonmeister das Thema seines Kanons vorzugeben. Aus diesem Grund wird das Thema des Kanons mit aller Berechtigung das *königliche Thema* (oder eben *Thema Regium*) genannt. In genauer Entsprechung zur Dedikation Bachs an den Monarchen hat – so könnte man im Hinblick auf die Strukturparallele zwischen Bildungsroman und musikalischem Kanon sagen – das moderne Subjekt den Bildungsroman als die Gattung der Moderne *dem Symbolischen* (im Sinne einer der Kategorien Jacques Lacans) zugeeignet: der Bildungsroman ist *die Gattung des Eintritts ins Symbolische*. Er erstattet dem Symbolischen das von diesem vorgegebene Thema als (Opfer-)Gabe zurück. Aus diesem Grunde kann der Bildungsroman in Anspielung auf das *Musikalische Opfer* Bachs als das *Literarische Opfer* bezeichnet werden.

Das Symbolische ist, in Entsprechung zum Königsnamen Friedrichs des Großen formuliert, `der Andere der Große`: Es ist das (angeblich, wie man einschränken muss) von Friedrich dem Großen stammende Thema, welches in allen Kanons von Bachs *Musikalischem Opfer* fortwährend hörbar transportiert wird, es ist das Thema vom `Anderen dem Großen´, welches in allen Bildungsromanen des *Literarischen Opfers* fortwährend lesbar transportiert wird. Beide Opfergaben, die literarische und die musikalische, haben den Zweck, das Thema jener beiden `Großen´ in Gestalt von Variationen zur Erscheinung und zum Vorschein zu bringen. Der Verfasser des Bildungsromans ist der Bach der Moderne. Die Gattung des Bildungsromans hat ihr Thema und ihr Ziel durch eine gleichsam königliche Schenkung vom Anderen erhalten.

Das königliche Thema existiert nicht außerhalb des Kanons und losgelöst von ihm. Es kann in seinem besonderen, gewissermaßen nicht-autonomen Seinsstatus nicht selbständig ohne den Kanon existieren. Nur *durch das* und *nach dem* Hören des Kanons kann das von Friedrich dem Großen vorgegebene Thema schließlich erkannt und identifiziert werden – im Zuge eines Erkennens und Identifizierens, das sich ausschließlich in der Kategorie der *Nachträglichkeit* vollzieht. Dieses sozusagen aposteriorische Gesetz strenger Nachträglichkeit gilt ganz entsprechend auch für das Thema des Bildungsromans: das vom `Anderen dem Großen´ (vor-)gegebene Thema ist untrennbar mit dem Inneren (der Textualität oder der Textur) des Textes und seiner Rezeption verwoben und kann ebenfalls nur *ex post* erkannt und identifiziert werden. Ausschließlich *durch das* und *nach dem* Lesen des Bildungsromans kann das Thema der Moderne schließlich und ausschließlich nachträglich erschlossen oder rekonstruiert werden. Das Thema des Bildungsromans müsste – nach der herkömmlichen kausalen, logischen und chronologischen Abfolge – eigentlich dessen Niederschrift vorgängig sein. Aber es wird paradoxerweise erst im Vorgang der Niederschrift performativ hervorgebracht und erst im Vorgang der Reflexion rückwirkend konstituiert: Die Ursache kommt nach dem Ereignis, das Ereignis erzeugt retroaktiv seine Ursache.

Das royale Thema, das Friedrich der Große seinem Tonsetzer Johann Sebastian Bach (vor-)gibt, ist in seiner Struktur äußerst kompliziert – der Takt ist außerordentlich unregelmäßig, die Tonleiter extrem chromatisch. Aufgrund der Komplexität und Kompliziertheit der (Vor-)Gabe ist es selbst für Bach eine nahezu unlösbare Aufgabe, aus dem kompositorischen Ausgangsmaterial einen Kanon zu erstellen – die königliche Gabe ist zugleich ein royales Gift. Auch diese kompositorische Schwierigkeit – die Harmonisierung des Themas zu einem Kanon – lässt sich (über die bloße Äquivokation des Begriffs der Harmonisierung hinaus) mit jener grundlegenden konzeptuellen Schwierigkeit des Bildungsromans – nämlich der Harmonisierung von Subjekt und Symbolischem – parallelisieren, die sein großes Thema und zugleich sein großes Problem, ja geradezu seine Aporie darstellt. Denn die unauslöschliche, unhintergehbare Voraussetzung der Geburt der Moderne besteht gerade in der Heraufkunft des freien und freiheitlichen Subjekts. Dieses Subjekt im emphatischen Sinn des Begriffes, welches in ein harmonisches Verhältnis zur Gesellschaft gebracht werden soll, ist gerade nicht mehr – wie noch das vormoderne, umstandslos der Ordnung als *Untertan* eingeschriebene Subjekt – bruchlos in jene Gesellschaft hineingeboren, die ihm seinen unveränderlichen Ort zuweisen wird; der semantische Wandel des auf die etymologische Wurzel *subiectum* zurückgehenden Begriffes 'Subjekt' verdichtet die Transformation des subjizierten ins freie Subjekt und damit das Grund-Problem des Bildungsromans *in nuce*.

Nach der historisch irreversiblen Geburt des freien Subjekts muss der Eintritt ins Symbolische nunmehr vom Subjekt selbst aktiv bewerkstelligt werden. Die *aus der* und *für die* Moderne sich ergebende Aufgabe besteht fortan darin, dass das moderne Subjekt von sich aus und selbsttätig, aus freien Stücken und in freier Entscheidung ins Symbolische eintritt – Harmonisierung ohne Zerstörung des Themas bzw. des Ausgangsmaterials, des Substrats bzw. des Subjekts ist die so umfassende wie gewaltige Problemstellung sowohl in der Musik als auch der Literatur, sowohl im *Musikalischen Opfer* als auch im *Literarischen Opfer*. Die Frage der Harmonisierung ist die grundlegende Thematik und der eigentümliche Grund-Ton des Bildungsromans – in der epochalen Invarianz seiner Problemstellung *und* unter den sich verändernden historischen Bedingungen zu Beginn, in der Mitte und am Ende der Moderne. Bach hat von seinem König ein Thema erhalten; die Durchführung und Performanz dieses Themas ist gerade das *Musikalische Opfer*. Das moderne Subjekt hat vom Anderen ein Thema erhalten; die Durchführung und Performanz dieses Themas ist das *Literarische Opfer*.

Der Text des Titel- und Widmungsblattes von Bachs Komposition lautet: „Musikalisches Opfer Sr. Königlichen Majestät in Preußen allerunterthänigst gewidmet von Johann Sebastian Bach". Titulatur und Dedikation des Bildungsromans hätten dementsprechend zu lauten: „Literarisches Opfer Sr. Königlichen Majestät in der Moderne allerunterthänigst gewidmet von Johann Wolfgang von Goethe, Gottfried Keller und Thomas Mann".

2. Der Bildungsroman als männliche Gattung

Sämtliche Protagonisten des Genres Bildungsroman sind Männer. Diese streng monotone Geschlechter-Regel gilt für die Gattung ohne Ausnahme. In der vorliegenden Untersuchung, deren Analyse des Bildungsromans sich strikt an den Kategorien Lacans orientiert, folgen Begriff und Konzeption des Männlichen selbstverständlich gleichfalls der Theorie und dem Verständnis Lacans. Die exzeptionslose Männlichkeitsregel des Bildungsromans bedeutet daher weder, dass es keine Bildungsromane mit weiblichen Protagonisten gäbe, noch dass in der vorliegenden Arbeit Bildungsromane mit weiblichen Protagonisten systematisch oder prinzipiell als Untersuchungsgegenstand ausgeschlossen oder verleugnet würden: Obwohl im Falle eines Bildungsromans mit einer Frau als Heldin die Hauptfigur biologisch dem weiblichen Geschlecht zugehört, ist sie als Protagonistin des Genres Bildungsromans gleichwohl ein Mann. Die Koppelung von Frau und Bildungsroman ist strukturell von Anfang an und aus prinzipiellen Gründen ausgeschlossen.

In einer graphischen Darstellung zum Seminar XX, das den Gesamt-Titel *Encore* trägt, führt Lacan in einem Kapitel mit der wortspielerischen Überschrift von der *lettre d'âmour* die strukturelle Differenz zwischen Mann und Frau vollkommen klar und deutlich vor:

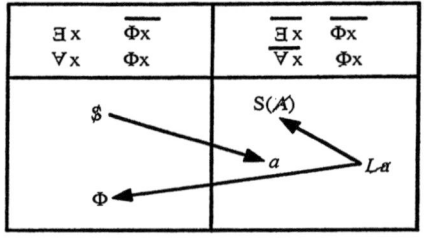

2

In dieser Formel repräsentiert die linke Hälfte der Abbildung die Seite des Mannes. Der männliche Part ist so zu verstehen, dass alle Subjekte der phallischen Funktion unterstellt sind. Damit die Universalisierungsformel, die in der zweiten Zeile links artikuliert ist, zustande kommen kann, muss die darüber, in der ersten Zeile stehende Exzeptionalitätsformel notwendig vorausgesetzt sein – die Exzeptionalität ist die Bedingung der Universalität. Die erste Zeile besagt demnach, dass etwas (ein x, wie es in der Formel heißt) existiert, das als Ausnahme nicht der phallischen Funktion unterstellt ist. Diese Exzeptionalitätsformel fungiert als notwendige Bedingung für die Geltung der Universalisierungsformel. Die Universalisierung wird aus der Ausnahme hervorgebracht, das *Alle* beruht auf der Ausnahme als seiner Bedingung.

Aus den beiden, von Lacan als propositional bezeichneten Formeln hervorgehend, wird die Position des Mannes, die im darunter stehenden Kästchen dargestellt ist, durch die Symbole $\bar{S}$ und Φ bezeichnet. Die Position des Mannes ist demnach die Position jenes Subjekts, welches die Kastration durch den Signifikanten akzeptiert und sich nachfolgend als durchgestrichenes Subjekt $\bar{S}$ im Symbolischen erfolgreich konstituiert. Da der Preis der Kast-

---

2 Jacques Lacan: *Encore*. Paris 1975. S.99.

ration und des erfolgreichen Aufbaus des Subjekts in der Sphäre des Symbolischen im Verzicht auf die Jouissance besteht, muss das Subjekt dem auf der Abbildung weiter rechts dargestellten Objekt klein a folgen, das die Position des Mangels Φ ausfüllt. Es ist gerade ein Mann, der infolge des Ereignisses der Kastration und der Konstituierung des Subjekts von der verlorenen Jouissance träumt.

Diesem Schema des Mannes steht auf der rechten Seite der Abbildung die Formel der Frau gegenüber (beide Seiten zusammen genommen bilden mithin das, was, so Lacans Ausdrucksweise, in uneigentlicher Weise die Menschheit genannt wird). Die Formel der Frau bezeichnet jene Position, die der Logik des *Nicht-Alle* folgt:

> [Q]uand j'écris $\overline{\forall x}\Phi x$, cette fonction inédite où la négation porte sur le quanteur à lire *pas-tout*, ça veut dire que lorsqu'un être parlant quelconque se range sous la bannière des femmes c'est à partir de ceci qu'il se fonde de n'être pas-tout, à se placer dans la fonction phallique. C'est ça qui définit la...la quoi? – la femme justement, à ceci près que *La* femme, ça ne peut s'écrire qu'à barrer *La*. Il n'y a pas *La* femme, article défini pour désigner l'universel. Il n'y a pas *La* femme puisque – j'ai déjà risqué le terme, et pourquoi y regarderais-je à deux fois? – de son essence, elle n'est pas toute. [3]

Die Frau weist – im Gegensatz zum Mann, für den, wie oben gezeigt, die Logik des *Alle* bestimmend ist – jene Struktur auf, in der die Gesamtheit gerade nicht zustandekommt. Der Grund für dieses Nicht-Zustandekommen liegt darin, dass die in der männlichen Formel als notwendig vorausgesetzte Ausnahme von der Frau nicht akzeptiert wird. Das bedeutet, dass es in der Formel des Weiblichen jene konstitutive Ausnahme nicht gibt, die der phallischen Funktion nicht unterstellt ist und gerade in diesem Ausschluss ihre Bedingung bildet. Das Fehlen jeglicher Ausnahme, die gerade in ihrer Eigenschaft der Exzeptionalität als Bedingung fungiert, wiederum bedeutet, dass sich die Funktion der Universalisierung, deren Herausbildung, wie oben dargestellt, gerade auf die Voraussetzung der Ausnahme angewiesen ist, nicht konstituieren kann. Die Negation der Exzeptionalität ist gerade die Negation der Universalität. Eben diese Negation ist es, die der Frau eine Jouissance jenseits des Symbolischen ermöglicht.

Die Position der Frau, die im darunterliegenden Kästchen dargestellt ist, wird durch die Symbole S(A) und a identifiziert. Da die Frau außerhalb der Logik der Gesamtheit situiert ist, hat sie keinen Erfolg bei der Erlangung von Universalität. Im Gegensatz zum Mann gibt es für Frauen keinen universalen Signifikanten, der sie bezeichnet. Lacan symbolisiert diesen Sachverhalt der Absenz des universalisierenden Signifikanten graphisch oder graphematisch durch die Streichung jenes großgeschriebenen Artikels, der die universale Weiblichkeit bezeichnet: D̶i̶e̶ Frau. Der durchgestrichene großgeschriebene Artikel bedeutet, dass Frauen nicht als Gesamtheit existieren.

Aus Lacans Formel der sexuellen Differenz (oder metaphorischen Menschheit) ergibt sich zwangsläufig die Schlussfolgerung, dass die Geschlechterbeziehung nicht existiert: Der Mann ist von der Logik der Universalisierung gekennzeichnet (oder gezeichnet), die Frau hingegen von der Logik der Nicht-Universalisierung. Eine gleichrangige Verbindung im Symbolischen ist damit von Anfang an strukturell ausgeschlossen. Es existiert keine gemeinsame Ebene (oder Menschheit), auf deren Hintergrund Mann und Frau zu unterscheiden (oder als Ausprägungen eines Gemeinsamen zu konzipieren) wären. Eben dieses Fehlen eines *tertium* oder *universale* bezeichnet, wie Joan Copjec in *Read My Desire* mit aller Deutlichkeit hervorhebt, die unversöhnliche Kluft zwischen universalistischem philosophischem (und das

---

3 Jacques Lacan: *Encore*. Paris 1975. S.93.

heißt neutralem bzw. prinzipiell geschlechtslosem) und partikularem psychoanalytischem (und das heißt differentiellem bzw. irreduzibel sexuiertem) Diskurs:

> [T]he subject posed by this philosophy [critical philosophy] – sometimes referred to as the ′universal′ subject, as opposed to the concrete individual – seems, by definition, to be *neuter*, to be *un*sexed, while the subject of psychoanalysis is, equally by definition, always sexed.[4]

Aufgrund der ebenso elementaren wie unaufhebbaren Geschlechter-Differenz (die die Philosophie mit ihrer ungeschlechtlichen Universalisierung oder universalen Ungeschlechtlichkeit überspringt) ist die Beziehung zwischen Mann und Frau prinzipiell, grundsätzlich und unhintergehbar asymmetrisch. Diese irreduzible Asymmetrie wiederum ist der Grund, weshalb die Frau für den Mann im Status von Objekt a auftritt, also als die Objekt-Ursache seines Begehrens. Für die Gattung des Bildungsromans bedeutet diese unverrückbare Konstellation der Geschlechter, dass für seine ausschließlich männlichen Protagonisten die Frau grundsätzlich Objekt a ist.

Der Vorgang der Konstituierung der Frau als Objekt a vollzieht sich gemäß der (im nachfolgenden Abschnitt genauer zu beschreibenden) Phantasieformel Lacans. Das Erscheinen der Frau als Objekt a in der Phantasieformel wiederum besagt nicht, dass alle Protagonisten des Bildungsromans deshalb Männer wären, weil Die Frau nicht existiert, sondern es besagt, dass der männliche Protagonist als universalisierendes Subjekt durch die Situierung der Frau als Objekt a mittels der Phantasieformel den für ihn unerträglichen Mangel des Symbolischen verbirgt: Exakt in diesen Ort des Mangels nämlich setzt das männliche Subjekt das Objekt a, welches den Mangel zudeckt.

Eben durch diese Verbergung des Mangels mittels der Phantasieformel, nach welcher das Subjekt selbsttätig und aus eigener Aktivität die Beziehung zu diesem Objekt herstellt, wird jenes Ziel der Bildung erreicht, das der Gattung des Bildungsromans ihren Namen gibt: nämlich der Eintritt des Subjekts ins Symbolische, der seinerseits in der Harmonisierung von Subjekt und Symbolischem besteht. Die Erlangung dieses Bildungs-Ziels ist eben dadurch möglich, dass die Phantasieformel exakt am Punkt des Übergangs vom unvollkommenen zum vollkommenen Symbolischen (also am Ort der Schließung des Mangels) situiert ist. Solange das Subjekt – der Mann – seine Phantasie aufrecht erhält, ist es – er – als (biologisch männlicher oder weiblicher) Protagonist eines Bildungsromans geeignet. Der Bildungsroman ist das *Genre des Mannes* (im Sinne von Lacans Definition des Mannes): verfasst *von* Männern und *für* Männer.

---

4 Joan Copjec: *Read My Desire*. Cambridge 1994. S.212.

3. Der Bildungsroman als Ideologie der Moderne

Das Subjekt (das im Bildungsroman also immer schon männlich ist) tritt in der Moderne ins Symbolische ein – wobei genau genommen erst dieser Eintritt das Subjekt konstituiert und dieses Subjekt erst das Symbolische hervorbringt. Der Vorgang des Eintritts des Subjekts ins Symbolische folgt also einer (formal nicht unkomplizierten) *Logik der nachträglichen Voraussetzung einer wechselseitigen Bedingtheit*: Subjekt und Symbolisches setzen einander wechselseitig voraus und werden zugleich im Modus der Nachträglichkeit (deren grammatikalisches Tempus bekanntlich das Futurum exactum ist) als Ursachen ihrer selbst vorausgesetzt. Das Ergebnis geht der Ursache voran: Das Subjekt und das Symbolische werden immer schon gewesen sein, obwohl weder das Symbolische ohne das Subjekt noch das Subjekt ohne das Symbolische existieren kann und sich die beiden Instanzen wechselseitig hervorbringen.

Erst *nach* seinem Eintritt ins Symbolische – und nicht schon *mit* ihm – findet in einem zweiten Schritt die *Subjektivierung des Subjekts* statt. Mit diesem Begriff der Subjektivierung des Subjekts, der eine (sowohl für den Bildungsroman als auch für eine allgemeine Subjekttheorie unverzichtbare) scharfe sachliche und zeitliche Trennung von Subjekt und Subjektivierung statuiert, wird das Ereignis der *Identifizierung des Subjekts mit dem Ich-Ideal* bezeichnet. *Durch die Internalisierung des Begehrens des Anderen rechtfertigt das subjektivierte Subjekt der Moderne das Symbolische.* Diese *Rechtfertigung des Symbolischen durch das Subjekt* folgt jedoch nicht dem zwingenden Befehl des Anderen, sondern sie geschieht durch eine *freiwillige Entscheidung* des Subjekts. Diese Freiwilligkeit der Wahl bildet das *unabdingbare Fundament des Subjekt-Begriffs* – aber die freiwillige Wahl des Subjekts ist *nur eine scheinbare*, weil sie erstens einem internalisierten Zwang und zweitens einer pragmatischen Paradoxie aufruht: das Subjekt *muss freiwillig* ins Symbolische eintreten, andernfalls wird es *als Subjekt vernichtet*. Das moderne Subjekt in seiner Paradoxie *unterwirft sich freiwillig.*

Diese Paradoxie einer *freiwilligen Unterwerfung*, die ihren spezifischen Ort in der entscheidenden Differenz zwischen Subjekt und Subjektivierung hat, bildet den Mechanismus der *Ideologie der Moderne* (als deren mächtigste Formation die vorliegende Untersuchung den Bildungsroman zugleich *postuliert* und *analysiert*). Der im eigentlichen Sinn kritische Moment zwischen den beiden Stadien Subjekt und Subjektivierung stellt das entscheidende Defizit in der Ideologie-Theorie Louis Althussers dar. Zwar hatte Althusser – im produktiven Gegensatz zu seinen marxistischen Vorgängern – das Konzept der Ideologie erstmals nicht mehr nur als das falsche Bewusstsein einer bestimmten Gesellschaftsschicht, sondern als eine ubiquitäre, überall gegenwärtige Struktur bestimmt und damit einen eminenten Fortschritt in der theoretischen Konzeption des Ideologischen erzielt.

Aber er setzt keine zeitliche (und daher auch keine sachliche) Differenz zwischen Subjekt und Subjektivierung: Nach Althussers Ideologie-Theorie ist das Subjekt *immer schon subjektiviert*. Eben diese Koinzidenz – der *Zusammenfall von Subjekt und Subjektivierung* – ist die Funktion seines Konzepts der sogenannten Interpellation. Mit der Missachtung der zeitlichen Verzögerung und sachlichen Unterschiedenheit zwischen den beiden Stationen wird in der Interpellations-Theorie die erste Komponente des Subjekt-Begriffs durchgestrichen. Das Subjekt ist nach Althussers Konzept ausschließlich ein sich unterwerfendes Subjekt. Ideologie ist aber nicht, wie Althusser behauptet, die Struktur, die immer schon a- oder transhistorisch vor dem Subjekt existiert, sondern Ideologie ist die Befolgung des Gesetzes des Anderen, welches das Subjekt mit der Konstituierung des Symbolischen in der Moderne eigentlich selbst erfunden hat.

Erst auf dem Fundament von Lacans Ausarbeitung der Psychoanalyse, deren produktiven diagnostischen Wert Slavoj Žižeks bahnbrechende Ideologietheorie in einer ganzen Reihe von Veröffentlichungen – am konzentriertesten in *The Sublime Object of Ideology* – mit allem Nachdruck vorgeführt hat, kann der innere Mechanismus der Subjektivierung des Subjekts in adäquater Weise erklärt werden. Eine Serie von sukzessiv sich vervollständigenden Graphen in Lacans Aufsatz *Subversion du sujet et dialectique du désir dans l'inconscient freudien* veranschaulicht die Operationsweise der Ideologie der Moderne. Die Sukzession von Abbildungen korrigiert Althussers Theorie der Ideologie und des Subjekts, indem sie mit analytischem Scharfblick deren Achillesferse exponiert: Lacans Graphen zeigen, dass ein Intervall besteht, in dem ein *Subjekt ohne Subjektivierung* existiert. Mit der Statuierung dieses Interjekts oder Interregnums geht Lacans Theorie um einen entscheidenden Schritt über Althussers Ideologie-Konzeption hinaus:

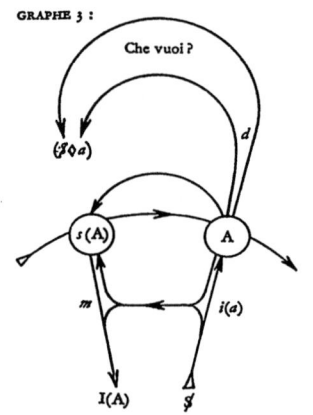

5

Entscheidend an dieser komplexen bildlichen Darstellung ist der Umstand, dass das Begehren (d) jenseits des geschlossenen Symbolischen situiert ist. Mit diesem Begehren stellt sich das Subjekt die Frage: Was will der Andere? (Che vuoi?). Diese Frage hat, wie Žižek in *The Sublime Object of Ideology* unter Bezugnahme auf Lacans Graphen am genauesten und scharfsichtigsten ausgeführt hat, ihren Ort in einem *Jenseits der Interpellation*, das die Ideologie-Theorie Althussers und mit ihr noch jene des Poststrukturalismus, die auf ihr aufbaut, konzeptuell exzediert:

> [W]e could read the whole upper (second) level of the graph as designating the dimension 'beyond interpellation': the impossible 'square of the circle' of symbolic and/or imaginary identification never results in the absence of any remainder; there is always a leftover which opens the space for desire and makes the Other (the symbolic order) inconsistent, with fantasy as an attempt to overcome, to conceal this inconsistency, this gap in the Other. And now we can finally return to the problematic of ideology: the crucial weakness of hitherto '(post-)structuralist' essays in the theory of ideology

---

5 Jacques Lacan: „*Subversion du sujet et dialectique du désir dans l'inconscient freudien*". In: *Écrits*. Paris 1966. S.815.

descending from the Althusserian theory of interpellation was to limit themselves to the lower level, to the lower square of Lacan's graph of desire – to aim at grasping the efficiency of an ideology exclusively through the mechanisms of imaginary and symbolic identification. The dimension 'beyond interpellation' which was thus left out has nothing to do with some kind of irreducible dispersion and plurality of the signifying process – with the fact that the metonymic sliding always subverts every fixation of meaning, every 'quilting' of the floating signifiers (as it would appear in a 'poststructuralist' perspective). 'Beyond interpellation' is the square of desire, fantasy, lack in the Other and drive pulsating around some unbearable surplus-enjoyment.[6]

Von zentraler Wichtigkeit bei der im Jenseits der Interpellation situierten Frage nach dem Begehren des Anderen ist nicht der Inhalt, sondern die Form der Frage selbst. Die schiere Frage-Form offenbart die Lücke der symbolischen Ordnung, denn ohne die Unvollkommenheit des Symbolischen könnte die Frage nicht gestellt werden – der Mangel des Symbolischen ist die Implikation, die Voraussetzung, die transzendentale Bedingung der Möglichkeit der Frage. Aus dem Leiden des Subjekts am Abgrund des Anderen, das und der sich in der Frage *Che vuoi?* manifestiert, entspringt der Mechanismus der Phantasie ($◊a). Er ist es, der dem Subjekt, das sich mit der ihm unerträglichen Unvollständigkeit des Anderen konfrontiert sieht, die Antwort auf die Frage nach dem Begehren des Anderen gibt.

Im letzten, als vollständig bezeichneten Graphen von Lacans Bilder-Reihe ist die Schließung des Symbolischen durch die Phantasie abgebildet.

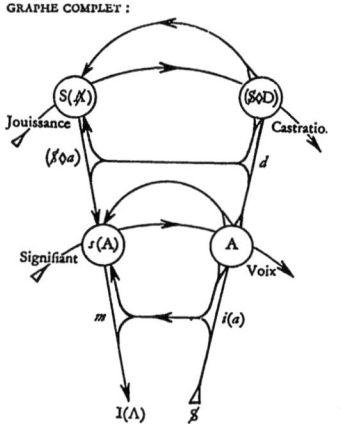

Dieser Graph veranschaulicht, dass für die Ideologie der Schließung des Symbolischen die Phantasie von allesentscheidender Bedeutung ist. Auf der linken Seite des Graphen situiert Lacan die Phantasieformel in der Mitte des Weges vom durchgestrichenen (S(A)) zum vollkommenen Anderen (s(A)). Obwohl das Endergebnis bei Althusser und Lacan identisch ist,

---

6 Slavoj Žižek: *The Sublime Object of Ideology*. London/New York 1989. S.124.
7 Jacques Lacan: „*Subversion du sujet et dialectique du désir dans l'inconscient freudien*". In: *Écrits*. Paris 1966. S.817.

sind die beiden Definitionen des Anderen unvereinbar. Lacan demonstriert, wie der durchgestrichene Andere durch die Phantasie des Subjekts vervollständigt wird.

Die Phantasie stellt damit den Schlüssel für die Operationsweise der Ideologie dar. Am klarsten und mit den deutlichsten Worten hat Žižek in *The Sublime Object of Ideology* den Mechanismus der ideologischen Phantasie gekennzeichnet:

> The illusion is not on the side of knowledge, it is already on the side of reality itself, of what the people are doing. What they do not know is that their social reality itself, their activity, is guided by an illusion, by a fetishistic inversion. What they overlook, what they misrecognize, is not the reality but the illusion which is structuring their reality, their real social activity. They know very well how things really are, but still they are doing it as if they did not know. The illusion is therefore double: it consists in overlooking the illusion which is structuring our real, effective relationship to reality. And this overlooked, unconscious illusion is what may be called the *ideological fantasy*.[8]

Žižeks Ausführungen zeigen in aller Schärfe und Luzidität, dass die Realität (welche das gewöhnliche Bewusstsein und alle auf ihm aufbauenden Theorien der Phantasie entgegenzusetzen pflegen) selbst durch die Phantasie strukturiert ist. Realität und Phantasie bilden keine Gegensätze, sondern die Realität *ist* gerade die Phantasie. Mittels der Phantasie wird das Objekt a vom Subjekt hervorgebracht. Lacans Phantasieformel formalisiert die Beziehung zwischen dem Subjekt und Objekt a, der Objekt-Ursache des Begehrens. Objekt a verbirgt im Mechanismus der Phantasie den Mangel des Symbolischen. Durch die Verbergung des Mangels des Symbolischen wird (in einem Mechanismus von *Schluss* und *Schließung*) endlich das Ziel der Ideologie erreicht. Erst auf einem langen Weg (den Althussers Kurzschluss als einen Nicht-Weg beschrieben hatte, auf dem keine Distanz zu überbrücken ist) wird das Subjekt durch seine aktive Identifizierung mit dem Ich-Ideal zum subjektivierten Subjekt: Das Subjekt *will, was es soll*. Es verwirklicht seine Freiheit gerade dort am stärksten, wo es am schärfsten die unvermeidliche Notwendigkeit des Symbolischen erkennt.

Alenka Zupančič, eine der hervorragendsten Lacanistinnen der Gegenwart, hat in einer kühnen Synopse von Kant und Lacan diesen Zusammenhang von Autonomie und Abhängigkeit, der eine Art von Dialektik der Freiheit konstituiert, in *Ethics of the Real* formuliert:

> To paraphrase Freud's famous dictum, we could sum up Kant's procedure with the following formulation: *Man is not only much more unfree than he believes, but also much freer than he knows.* […] In other words, where the subject believes herself autonomous, Kant insists on the irreducibility of the Other, a causal order beyond her control. But where the subject becomes aware of her dependence on the Other (such and such laws, inclinations, hidden motives…) and is ready to give up, saying to herself: 'This isn't worth the trouble', Kant indicates a 'crack' in the Other, a crack in which he situates the autonomy and freedom of the subject.
>
> Even in this sketchy presentation of the Kantian foundation of freedom, it is possible to detect an echo of Lacan's famous claim that 'There is no Other of the Other'. In other words, the Other itself is inconsistent, marked by a certain lack. What Kant is saying is that *there is no Cause of the cause*, this is precisely what allows for the subject's autonomy and freedom.[9]

---

8 Slavoj Žižek: *The Sublime Object of Ideology*. London/New York 1989. S.32f.
9 Alenka Zupančič: *Ethics of the Real*. London/New York 2000. S.28f.

Zupančič hat vollkommen Recht: es gibt keine Ursache der Ursache. Die Ursache der Ursache ist gerade das Subjekt selbst.

An dieser Stelle der theoretischen Grundlegung der vorliegenden Untersuchung ist nunmehr endlich der Punkt erreicht, an dem sich die Bedeutung von Lacans Theorie für die Analyse jener Ideologie der Moderne erweist, die im Bildungsroman als *der* Gattung der Moderne exemplarisch verkörpert ist und in den nachfolgenden Kapiteln in ausführlichen Analysen an drei prominenten Beispiel-Texten vorgeführt wird, die die gesamte Epoche der Moderne von ihrem Aufgang über ihre Mitte bis zu ihrem Untergang umfassen. Allerdings gilt es bei diesem Vorhaben grundsätzlich zu beachten und durch die Wahl eines adäquaten und hinreichend komplexen theoretischen Zugangs vorab zu reflektieren, dass das Genre des Bildungsromans nicht als Propaganda für die Ideologie der Moderne oder als deren Illustration fungiert. Die literarische Gattung des Bildungsromans ist kein Mittel und kein Medium, kein Instrument oder Bildlieferant der Ideologie. Der Bildungsroman (als ihre *Verkörperung* oder *Inkorporation*) *visualisiert* nicht die Ideologie der Moderne, sondern er ist *die visualisierte Form der Ideologie der Moderne.*

Die Gattung des Bildungsromans als jene symbolische, kondensierte und repräsentative Form der Moderne zu betrachten, in welcher deren Ideologie am reinsten verdichtet ist, stellt gerade die Ausgangsthese Franco Morettis dar, einem der bedeutendsten, aber in seiner überragenden Bedeutung noch lange nicht hinreichend erkannten Literaturwissenschaftler der Gegenwart. Seine bahnbrechende Untersuchung *The Way of the World* zerschneidet die Geschichte der literaturwissenschaftlichen Erforschung des Bildungsromans buchstäblich in zwei Epochen – die Epoche vor und die Epoche nach Moretti: *Vor* Moretti[10] hatten sich die literaturwissenschaftlichen Debatten und Kontroversen um den Bildungsroman im endlosen Widerspiel einer Trias von Argumentationsrichtungen erschöpft, deren dritte eine radikale Schlussfolgerung aus der Unversöhnlichkeit der beiden ersten zieht: nämlich dem Lob des Bildungsromans als Medium der Harmonisierung von Subjekt und Gesellschaft, der Zurückweisung dieser Ansicht unter Verweis auf die in der Gattung enthaltene Ironie und schließlich der aus diesem Dauerstreit mit seinen unvereinbaren Positionen resultierenden Negation der Existenz einer unifizierbaren Gattung namens Bildungsroman.

Erst *mit* und *seit* Moretti ist diese mit zunehmender Monotonie in sich kreisende Diskussion, in der in obsessiver Weise mit sich ähnelnden Argumenten unversöhnliche Standpunkte verteidigt wurden, auf eine neue Ebene der Reflexion der Gattung gehoben worden. Mit bewunderungswürdigem analytischem Scharfblick fokussiert *The Way of the World* die Untersuchung des Genres Bildungsroman (dessen Gattungscharakter nicht nur aufrechterhalten, sondern in seiner unvergleichlichen Paradigmatizität für das Subjekt-Modell der Moderne bekräftigt wird) auf die Fragen nach seinen epochalen Entstehungsbedingungen, nach seiner extraliterarischen Rolle in der und für die Epoche der Moderne sowie nach seinem binnenliterarischen Funktionsmechanismus:

> How can the tendency towards *individuality*, which is the necessary fruit of a culture of self-determination, be made to coexist with the opposing tendency to *normality*, the offspring, equally inevitable, of the mechanism of socialization? This is the first aspect

---

10 Die grundlegenden Untersuchungen zum Thema Bildungsroman sind: Jürgen Jacobs: *Wilhelm Meister und seine Brüder*. München 1972; Monika Schrader: *Mimesis und Poiesis*. Berlin 1975; Martin Swales: *The German Bildungsroman from Wieland to Hesse*. Princeton 1978; Jochen Hörisch: *Gott, Geld und Glück*. Frankfurt a.M 1983; Klaus-Dieter Sorg: *Gebrochene Teleologie*. Heidelberg 1983; Rolf Selbmann: *Der deutsche Bildungsroman*. Stuttgart 1984; Gerhart Mayer: *Der deutsche Bildungsroman*. Stuttgart 1992.

of the problem, complicated and made more fascinating still by another characteristic of our civilization, which, having always been pervaded by the doctrines of natural rights, cannot concede that socialization is based on a mere compliance with authority. It is not enough that the social order is 'legal'; it must also appear *symbolically legitimate*. It must draw its inspiration from values recognized by society as fundamental, reflect them and encourage them. Or it must at least seem to do so.

Thus it is not sufficient for modern bourgeois society simply to subdue the drives that oppose the standards of 'normality'. It is also necessary that, as a 'free individual', not as a fearful subject but as a convinced citizen, one perceives the social norms as *one's own*. One must *internalize* them and fuse external compulsion and internal impulses into a new unity until the former is no longer distinguishable from the latter. This fusion is what we usually call 'consent' or 'legitimation'. If the *Bildungsroman* appears to us still today as an essential, pivotal point of our history, this is because it has succeeded in representing this fusion with a force of conviction and optimistic clarity that will never be equalled again.[11]

In diesem Passus, der auf knappstem Raum sämtliche Schlüsselkonzepte der Gattung Bildungsroman benennt, finden sich mit andernorts unerreichter Klarsicht die Problemstellungen und die Lösungsansätze, die Aporien und die Antworten des Genres versammelt: die in der Moderne sich herausbildende Dichotomie von Individuum und Gesellschaft bzw. Norm und Devianz; das aus diesem Widerstreit entstehende Problem der Sozialisation; die Notwendigkeit der Transformation von kruder äußerlicher Legalität in innerliche Legitimität des Sozialisationsvorganges; und schließlich die für dieses Rechtfertigungsgeschehen erforderliche konsensherstellende Aneignung und Internalisierung der sozialen Normen durch das freie Subjekt.

In der Moderne, die sich zuinnerst als ein Prozess fortwährender Spaltung oder systemischer Ausdifferenzierung herausbildet, treten Subjekt und Gesellschaft auseinander. Das Subjekt, das sich erst in diesem Vorgang der Trennung konstituiert, gehört aufgrund dieser Dissoziation nicht mehr automatisch und von vornherein zur Gesellschaft. Es steht anfänglich nicht mehr *in*, sondern *außerhalb* der Sozietät, wohingegen das Individuum der Vormoderne immer schon der Gemeinschaft eingeschrieben gewesen war. Diese Inskription des vormodernen Individuums bedeutet freilich weder `Asozialität' noch `Antisozialität', sondern allgegenwärtige Sozialität. Gerade aufgrund der Ubiquität und der Automatik der Einschreibung spielt der Begriff der Sozialisation in der Vormoderne keine bedeutende Rolle.

Erst in der Moderne, die sie problematisiert und in der sie problematisch wird, wird Sozialisation zu einem Schlüsselbegriff – und zugleich zu einer *vom Individuum* zu leistenden Aufgabe. Von zentraler Wichtigkeit ist bei diesem Konzept, dass die dem Subjekt gestellte Aufgabe nicht eine äußerliche, sondern eine *innerliche Angelegenheit* darstellt: Die Gesellschaft zwingt nicht das Subjekt zur Sozialisation, sondern dieses muss selbst *die Notwendigkeit seiner Sozialisation rechtfertigen*. Es internalisiert freiwillig und selbsttätig die Normen der Gesellschaft. Eben dieser Vorgang wurde nach Moretti, der in der Zuspitzung der Probleme dieser Konzeption furchtlos bis an den Rand der Aporie fortschreitet und zugleich in der Frage nach der Existenz oder Inexistenz der Gattung unzweideutig Position bezieht, im Rahmen seiner historischen Geltungsmacht von keinem Genre klarer, zuversichtlicher und überzeugender vorgeführt als von jener in ihrer Epoche einzigartigen literarischen Gattung, die die Bezeichnung *Bildungsroman* trägt.

---

11 Franco Moretti: *The Way of the World*. Londo/New York 2000. S.16.

Die vorliegende Untersuchung setzt die von Moretti gesetzte und fortan als unhintergehbar zu betrachtende Zäsur in der Analyse des Bildungsromans wie auch dessen Einschätzung als zentrale Gattung der Moderne als Grundlage und Ausgangspunkt der literaturwissenschaftlichen Reflexion voraus. Morettis so grundlegende wie weiterführende Fragestellung nach der *Historizität* und der (internen wie externen) *Funktionalität* der Gattung des Bildungsromans erhält in der hier vorgelegten Arbeit indes in methodologischer Hinsicht eine explizit psychoanalytische Wendung, die bei Moretti nicht vorhanden ist. Auf dem Fundament der Theorie Lacans, nach welcher Morettis Schlüssel-Begriffe *Individuum*, *Gesellschaft* und *Sozialisation* mit den Termini und Konzepten *Subjekt*, *der Andere* und *Eintritt ins Symbolische* schärfer gefasst werden können, lässt sich – so die These, die in der Methodologie der Untersuchung impliziert ist – die Ideologie des Bildungsromans in ihrer literarischen Inkorporation, in ihrem Funktions-Mechanismus sowie in ihren synchronen und diachronen Aspekten aus einer dezidiert psychoanalytischen Perspektive analysieren.

Lacans theoretische Grundlegung der Psychoanalyse gestattet es, die für die Diskussion des Bildungsromans unverzichtbaren (und daher auch in der vorliegenden Untersuchung immer wiederkehrenden) Aspekte der Harmonisierung von Subjekt und Gesellschaft und der Ironisierung der Gesellschaft durch das Subjekt in ihrer zeitübergreifenden Invarianz und ihrem historischem Wandel auf eine neue und theoretisch avancierte, eine tiefenscharfe und zugleich (ideologie-)kritische Weise zu rekonstruieren. Mit der gewählten forschungsstrategischen Grund-Ausrichtung wird eine zugleich profunde und distanzierte Rekonstruktions-Arbeit möglich, die – unter Beibehaltung der substantiellen Einheit der Gattung – ein tiefes Eindringen in ihren Gegenstand gestattet, ohne doch jener für die Rezeptionsgeschichte des Genres charakteristischen Identifikation und Faszination zu verfallen, die in der Betonung des Harmonie- *und* des Ironie-Aspekts des Bildungsroman-Schemas *gleichermaßen* wirksam sind: die beiden einander widersprechenden Bildungsroman-Konzepte der Harmonisierung und der Ironisierung, die für allzu lange Zeit die Forschungsdiskussion nahezu restlos in Beschlag zu nehmen vermochten, erweisen sich unter einer psychoanalytischen Perspektive als *Momente ein und derselben Ideologie* (die in einer genretheoretisch sehr wohl unifizierbaren Gattung enthalten ist).

Erst im Licht einer theoretisch minutiös ausgearbeiteten psychoanalytischen Optik (die auch als Medium einer – innovativen – Rehabilitierung und Reaktivierung des vielleicht nur vermeintlich obsoleten Begriffs der Ideologiekritik postuliert wird) wird einerseits die Harmonisierung von Subjekt und Gesellschaft als ebenso ideologische wie einseitige Identifizierung des Subjekts mit dem Ich-Ideal durch Internalisierung des Begehrens des Anderen durch das Subjekt sichtbar. Andererseits ist dem psychoanalytisch orientierten Blick die Ironisierung der Gesellschaft durch das Subjekt als ein keineswegs endgültiges, sondern vielmehr nur vorläufiges Zwischenstadium auf seinem Bildungsweg erkennbar, das einen so präzisen wie beschränkten Ort zwischen der Unvollkommenheit und der Komplettierung des Anderen einnimmt und anschließend durch die Phantasieformel zwischen Subjekt und Objekt a überschritten wird. Der in der vorliegenden Arbeit gewählte psychoanalytische Zugang eröffnet damit (auf den Schultern der mächtigen Rezeptionsgeschichte eines mächtigen literarischen Genres) eine bislang nicht erprobte und zugleich den Anspruch einer Vertiefung und Zuspitzung der Reflexion erhebende Perspektive auf die Gattung des Bildungsromans als Quintessenz und Inbegriff der Moderne. Der Bildungsroman ist das *in* der Moderne, *von* der Moderne und *für* die Moderne geschriebene Genre.

B. Canones diversi super Thema Regium

Ascendenteque Modulatione ascendat Gloria Regis

---

12 Johann Sebastian Bach: *Musikalisches Opfer*. In: Ders.: *Neue Ausgabe Sämtlicher Werke*. Bd. VIII: Kanons, Musikalisches Opfer, Kunst der Fuge. Kassel 1974. S.49.

Der Bildungsroman im Feld der Literatur und der Kanon auf dem Gebiet der Musik lassen sich aufgrund zweier gemeinsamer Momente parallelisieren: erstens aufgrund der ihnen gemeinsamen (und theoretisch in ihren Elementen analysierbaren) *Funktionalisierung und Systematisierung ihrer formalen Bestandteile* und zweitens aufgrund der ihnen gemeinsamen (und die Gesamt-Form des Kanons mit seinen Modulationen bzw. die Gesamt-Gattung mit ihren Einzel-Exemplaren konstituierenden) *Homologie von Konstanz und Varianz*. Aufgrund dieser Funktions- und Strukturäquivalenz erfahren das literarische und das musikalische Genre in der vorliegenden Untersuchung eine Engführung.

Die heuristische Funktion dieser zweifachen Analogisierung von musikalischem und literarischem Kanon, deren erstes Moment – die psychoanalytisch fundierte kritische Rekonstruktion des Funktions-Mechanismus des Bildungsromans, die nach einem musikalischen Muster zur Partitur der Ideologie des modernen Subjekts komponiert und orchestriert ist – naturgemäß dem detaillierten Gang der drei Hauptkapitel der Untersuchung selbst vorbehalten bleiben muss, liegt im Aufweis ihrer integralen Funktions- und Strukturparallele. In strukturanalytischer Hinsicht erhellt die Relation von Thema und Variation in der Musik und in der Literatur in wechselseitiger Beleuchtung die gemeinsame formale Integration von Bildungsroman und Kanon. Die einzelnen Bildungsromane, welche die Gattung konstituieren (und in ihrer Gesamtheit die Epoche der Moderne umfassen) spielen, sozusagen als *Canones diversi*, jeweils jene Variation des königlichen Themas, welche ihrer jeweiligen spezifischen Position innerhalb der Gesamt-Epoche der Moderne – also ihrer (literatur-)geschichtlichen Stellung an ihrem Anfang, in ihrer Mitte oder an ihrem Ende – entspricht und angemessen ist.

Die einfachste Form des musikalischen Kanons stellt der Ringkanon dar, der ohne Variation und ohne Veränderung von Tonumfang und Tondauer sich selbst (bei zeitlich differenziertem Einsatz der Instrumente) in identischer Form reproduziert. Trotz dieser vergleichsweise (oder täuschend) einfachen Struktur aber ist die Harmonisierung der zeitversetzt einsetzenden Töne alles andere als leicht zu bewerkstelligen. Denn auch in diesem einfachsten Fall der Kanon-Bildung müssen gemäß der Regel des Kanons sämtliche Töne des Kanon-Themas mit allen anderen Tönen innerhalb des gesamten Gewebes der Kanon-Textur nach den Gesetzen der Harmonik miteinander verbunden werden – eine Regel-Vorgabe, die die Komplexität der Aufgabe rasch exponentiell anwachsen lässt.

Durch diese kompositorische Verwebung entsteht nicht nur der *melodische*, sondern auch der *harmonische* Zusammenhang des Kanons. Die strukturelle Parallele zum Bildungsroman besteht unter diesem Aspekt darin, dass das im Protagonisten der literarischen Gattung repräsentierte Subjekt selbst mit der ganzen Struktur des Werkes, der gesamten Textur des Textes zugleich tief und bruchlos, nämlich ohne innere Friktionen, Harmoniebrüche, Disharmonien und Dissonanzen verwoben werden muss. Das Subjekt im Bildungsroman lässt sich im Zuge der Analogie-Bildung von Musikstruktur und Subjekttheorie unter diesem Gesichtspunkt mit dem Stellenwert der Note im Kanon parallelisieren. Wie im Kanon jede einzelne Note ein harmonisches Element der Gesamtkomposition darzustellen hat, muss der Bildungsroman in seiner Werk-Ganzheit ein dicht verwobenes und tiefes Integral von Subjekt und Struktur ergeben.

Selbstverständlich kann das *Wort*kunstwerk des Bildungsromans als literarischer (oder literarisierter) Kanon nicht die einfache repetitive Form des musikalischen Ringkanons als einem *Ton- oder Klang*kunstwerk wählen; diese Möglichkeit ist aufgrund der grundsätzlichen semiotischen Verschiedenheit der 'bedeutungslosen', mit sich selbst identischen musikalischen und der bedeutungstragenden, aufgrund der unhintergehbaren semiotischen Differenz prinzipiell gespaltenen sprachlichen Zeichen von vorneherein ausgeschlossen. Der Variantenreichtum des musikalischen wie des literarischen Kanons aber gestattet zahlreiche andere

Möglichkeiten der *Variation bzw. der Selbstwiederholung durch Selbstmodulation*. Solange der Kern und die Struktur des Themas nicht zerstört oder in ihrer Substanz deformiert werden, kann der Kanon mit vielfältigen Variationsmöglichkeiten wiederholt bzw. modifiziert werden. Beim musikalischen Kanon besteht eine dieser Variationsmöglichkeiten in der Modifizierung der *Tonhöhe*. Andere Möglichkeiten sind etwa die *horizontale Spiegelung der Tonhöhe* im *Spiegelkanon*, die *Umkehrung der Reihenfolge der Töne* im *Krebskanon* oder die *Modulation der Tondauer* im *Augmentationskanon* (der die Tondauer *verlängert*) bzw. im *Diminutionskanon* (der sie *verkürzt*) oder die *Modifikation der Handhabung von Pausen* im *Interpunktionskanon*.

Alle diese verschiedenen Optionen der Variation beim musikalischen Kanon gelten *mutatis mutandis* entsprechend auch für den literarischen Kanon. Mit Goethes Roman *Wilhelm Meisters Lehrjahre* als dem Ur-Muster und Stiftungs-Dokument der Gattung kann der Kanon in unterschiedlichen Variationen reproduziert werden, solange das einheitliche Thema des Bildungsromans nicht in seiner Grund-Substanz entstellt oder defiguriert wird. Die soziale Position des Protagonisten, die – vor dem Hintergrund historischer Veränderungen in der Gesellschaftsstruktur innerhalb der Gesamt-Epoche der Moderne – im Vergleich mit dem Muster-Roman höher oder tiefer liegen kann, entspricht dabei der Tonhöhe im musikalischen Kanon. Der Bildungsweg des Protagonisten, dessen temporal-biographische Erstreckung und Anzahl von verschiedenen Lebens-Stationen im Vergleich zum Vorbild-Text variabel ist, entspricht dem Augmentations- bzw. Diminutionskanon. Die unterschiedliche Handhabung von Pausen entspricht der Einfügung bzw. Elision von Handlungselementen, die eine Unterbrechung oder Verzögerung bzw. eine Beschleunigung oder Raffung des erzählten Geschehens gestattet.

Von entscheidender Bedeutung bei diesen vielfältigen Variationsmöglichkeiten aber bleibt der Umstand, dass das vom ʻAnderen dem Großenʼ vor-gegebene Thema selbst nicht zerstört wird. Das *in Grenzen variable* Thema der Gattung Bildungsroman, das in seinen Akzidenzien, nicht aber in seiner Substanz, in seinen nicht-wesentlichen Eigenschaften, nicht aber in seiner Essenz verändert werden darf, klingt als Echo durch den jeweiligen einzelnen Bildungsroman, der in einem bestimmten historischen und literaturgeschichtlichen Zeitpunkt situiert ist, es wandert aber auch – jenseits des individuellen Exempels oder Exemplars – als Grundton durch die verschiedenen Beispiele der Gattung namens Bildungsroman durch die gesamte Zeit der Moderne hindurch.

Der Bildungsroman als literarischer Kanon lässt sich entsprechend der soeben getroffenen Unterscheidung von Einzelexemplar und Gattung auch nach seiner *diachronen* und seiner *synchronen* Dimension differenzieren. Auf der *diachronen* Ebene muss das Subjekt als Einzelnes in seinem Verhältnis zum Symbolischen durch die Harmonisierung beider Instanzen mit dem Anderen in Beziehung gesetzt werden, wie im musikalischen Kanon die einzelnen Töne zur gesamten Struktur des Kanons in möglichst enge Korrelation gebracht werden müssen. Auf der *synchronen* Ebene sind die verschiedenen Bildungsroman-Exemplare in Beziehung zu der literarischen Gattung des Bildungsromans zu setzen wie die einzelnen Kanons zur musikalischen Gattung des Kanons. Jede Gattung besitzt ein Grund-Muster als ihr Fundament, welches in weiteren Kanons variiert werden kann.

Goethes Roman *Wilhelm Meisters Lehrjahre* stellt im literarischen Feld jenes geradezu mythische Grund-Muster dar, das als Maß und Standard das Thema wie die Norm dieser Gattung gesetzt und vorgegeben hat. Alle nachfolgenden Bildungsromane sind Variationen dieses Ur-Musters, die in ihrer zeitlichen (und damit auch inhaltlichen) Differenz die Struktur dieses ihres Vor-Bilds variieren. Diese Maß-Gabe ist gerade der Grund, weshalb Goethes Roman (auch im Sinne jener anderen, nämlich spezifisch literaturwissenschaftlichen Bedeutung des Begriffs *Kanon*) zuerst gehört bzw. gelesen werden muss.

I. Canon 1: Goethes *Wilhelm Meisters Lehrjahre*

Wilhelm ist Briefträger. Alle seine Wege sind ohne Ausnahme als Erledigung eines *Auftrags*, als Durchführung einer *Mission*, als Erfüllung einer *Pflicht*, als Überbringung einer *Botschaft*, als Exekution eines *Kommandos*, als Befolgung einer *Aufforderung* und als Erledigung einer *Bitte* von einer externen Instanz determiniert. Das heißt: Wilhelm beginnt – *horribile dictu* – seinen Bildungsweg *nicht* aus seiner eigenen freien Entscheidung. Seine Mission oder (um einen Begriff aus dem Titel einer Vorstufe von Goethes Roman zu verwenden) theatralische Sendung ist – so überraschend und heterodox das erscheinen mag – nicht `endogenen´, autonomen, aktiven sondern gerade umgekehrt heterogenen, heteronomen, passiven Charakters.

Zunächst begibt er sich im *Auftrag* seines Vaters auf Geschäftsreise. Unterwegs lernt er die Schauspielertruppe kennen, deren *Mission* ihn ins Grafenschloss manövriert. Sein Schuld- und Verantwortungsgefühl gegenüber den Schauspielern, die bei einem Überfall ihr gesamtes Hab und Gut verloren haben, führt ihn im Zuge ethischer *Pflichterfüllung* weiter zu Serlos Theatertruppe. Der letzte Wille von Serlos Schwester Aurelie, ihren Brief als eine (testamentarische) *Botschaft* zu übermitteln, bringt Wilhelm zu Lothario. Dort fungiert er auf Bitten Jarnos als Figur oder Figurant in jenem Komplott, welches Lydie, die per *Kommando* von Lotharios Seite entfernt werden soll, zu Therese verfrachtet. Darauf (be-)folgt er Jarnos *Aufforderung*, die Kinder Mignon und Felix zu holen, die sich bei Serlo befinden. Lotharios *Bitte* schließlich, Mignon zu besuchen, leitet Wilhelm zu Nathalie. Mit dieser Aufzählung der Wege (die von einem wenig freien Subjekt eingeschlagen werden) sind sämtliche Schauplätze, Stationen und Handlungseinheiten des Romans erfasst.

Der Protagonist jenes Romanwerks, das aufgrund der Stifterfunktion von Goethes Muster-Text die gesamte Gattung des Bildungsromans initiiert und seinen Helden zum Avantgardisten eines ganzen Genres werden lässt, geht mithin als buchstäblich leerer Signifikant auf all seine Bildungs-Wege, die er nicht aus seinem eigenen Willen beschreitet, sondern auf die er nach dem Willen anderer geschickt wird. Lydies Ausruf, Wilhelm habe „keinen Charakter"[13], ist vollkommen zutreffend: Wilhelm hat in der Tat keinen Charakter – und er braucht auch keinen. Für das menschliche Medium Briefträger ist, wie für ein technisches Medium auch, ein Charakter nicht nur nicht nötig, sondern sogar hinderlich, denn seine Aufgabe besteht nur im Transport von Botschaften. Solche Botschafts-Dienste aber werden von einem Eigenwillen und Eigengewicht des Mediums (sei es technisch oder menschlich) nur erschwert, verzögert, behindert, verzerrt. Wilhelms Wesen und Eigenart üben, gerade weil sie leer bleiben und leer bleiben müssen, keinerlei Wirkung auf den Inhalt und den Weg der von ihm übermittelten Nachrichten aus. Der Briefträger Wilhelm ist unwichtig, aber nötig: als Wilhelm unwichtig, als Briefträger nötig. Nicht trotz, sondern wegen seiner Charakterlosigkeit, die ihm Lydie völlig zu Recht attestiert, kann er Briefträger werden – sie ist die charakteristischste Eigenschaft des Charakterlosen, seine vorrangige und hinreichende berufliche Qualifikation.

Im Zuge seiner letzten Mission, seiner finalen Sendung oder Schickung wird Wilhelm, dieser *facteur de la vérité*, das Terrain und den Einflussbereich der Turmgesellschaft betreten. Dort erreicht das Geschick seiner Schickungen oder seines Schicksals das Ziel seines Bildungsweges: den Eintritt des Subjekts ins Symbolische. Lacan hat, wie immer, Recht: ein Brief erreicht stets seinen Bestimmungsort. Dieses vielzitierte Theorem bedeutet nicht, dass

---

13 Johann Wolfgang von Goethe: *Wilhelm Meisters Lehrjahre*. In: Ders.: *Werke*. Hamburger Ausgabe. Bd.VII: Romane und Novellen II. München 1998. S.462. (Im Folgenden werden Zitate nach dieser Ausgabe im fortlaufenden Text mit bloßer Seitenangabe belegt.)

alle von Wilhelm übermittelten Briefe oder Geschicke, seine ausgeführten Sendungen oder übernommenen Missionen unverfälscht und unverzüglich beim Adressaten ankommen, sondern es bedeutet, dass der Brief(träger) Wilhelm selbst in seiner Eigenschaft als Aussendung oder Emission das Symbolische als seine Zieladresse erreicht. Wilhelm ist ein Brief.

Die Wege Wilhelms sind – wie auch Briefe sich nicht eigenständig, aus eigener Initiative fortbewegen – vom Symbolischen bestimmt und organisiert. Er selbst freilich ist der Überzeugung, aus eigenem Entschluss und im Besitz seiner vollen Freiheit über seine Theaterkarriere zu bestimmen, die ihrerseits das Medium seines Übertritts vom Imaginären ins Symbolische darstellt. Trotzdem aber wird er *contra opinionem suam* von der Turmgesellschaft auf seinen Bildungsweg gebracht. Diese Schickung oder Mission durch die erhabene, ehrwürdige Instanz bedeutet allerdings nicht, dass Wilhelms Weg der richtige ist: Wilhelms Weg ist der falsche Weg. Das wiederum bedeutet nicht, dass diese Post einen Fehler begangen hat – es ist prinzipiell ausgeschlossen, dass der Missions-Instanz namens Turmgesellschaft ein Fehler unterläuft – eine Emissions-Quelle dieser Dignität, die einen Fehler macht, ist keine. Der von ihrer Vorsehung oder Providenz freundlicherweise und mit turmartiger Übersicht für Wilhelm vorgezeichnete und vor(her)gesehene Weg ist der richtige Weg gerade deshalb, weil er der falsche ist.

Dieses Moment des falschen richtigen Weges markiert – in (literar-)historischer Perspektive betrachtet – jenen fundamentalen Unterschied, der die Position Goethes und die Position Rousseaus als die Positionen der Moderne und der Vormoderne scharf voneinander trennt – Stellung und Status des Irrtums markieren und bezeichnen in ihrer Eigenschaft als Unterscheidungskriterium oder *differentia specifica* nichts Geringeres als einen Epochenbruch: die unversöhnliche Kluft zwischen Vormoderne und Moderne. Der jeweilige Stellenwert des Irrtums kann als Indikator für die Zeitenwende nach einer historischen Zäsur betrachtet werden.

Rousseau macht in *Émile, ou de l'éducation* sein Erziehungsprojekt von einer einzigen Bedingung abhängig:

> Emile est orphelin. Il n'importe qu'il ait son pére et sa mére. Chargé de leurs devoirs, je succéde à tous leurs droits. Il doit honorer ses parens, mais il ne doit obéir qu'à moi. C'est ma prémière ou plustôt ma seule condition.[14]

Émile muss bedingungslos gehorchen. In dieser Forderung nach unbedingtem Gehorsam als der *conditio sine qua non* von Erziehung ist die logische Implikation enthalten, dass Rousseau all seine Erziehungsschritte im Voraus plant. Das Schlüsselkonzept und die leitende Intention von Rousseaus Pädagogik besteht darin, dass der Zögling Émile ohne Irrtum und Verirrung, ohne Ablenkung und Abweichung, mit immer seiner vorbestimmter Sicherheit, buchstäblich problem- und reibungslos sein Erziehungsziel gemäß dem Wunsch seines Erziehers erreicht. Anders als Goethe schottet daher Rousseaus pädagogische Providenz vorab oder vorträglich sämtliche Irrtums-Möglichkeiten auf Émiles Erziehungs-Weg durch Barrikaden und Sperrzäune ab, damit der Zögling nicht in die Regionen der Irre oder gar ins Herz des Irrtums gezogen wird. Sobald Émile das Gebiet des Irrtums betritt, löst sich das gesamte Erziehungsprojekt buchstäblich in Nichts auf. Das Wort 'Irrtum' ist in der Pädagogik der Vormoderne ein verbotenes Wort. Es darf nicht ausgesprochen werden, seine Bedeutung darf nicht zu Bewusstsein kommen, seine Möglichkeit darf nicht einmal in Erwägung gezogen werden, sein Eintreten muss mit allen (Erziehungs-)Mitteln verhindert werden. Alle Wege des Zöglings

---

14 Jean-Jacques Rousseau: *Émile ou de l'éducation*. In: Ders.: *Œuvres complètes*. Bd. IV. Paris 1969. S.267.

müssen vom Erzieher vorträglich vor(aus)gesehen, vorausgeplant und vorentschieden worden sein. Um das von Anfang an feststehende Erziehungsziel auf dementsprechend festgelegten Wegen zu erreichen, muss Émile jene Bedingung des bedingungslosen Gehorsams erfüllen, die die einzige Klausel seines Erziehungs-Vertrags darstellt. *Émile, ou de l'éducation* ist jenes vormoderne Erziehungs-Werk, welches demonstriert, wie der Zögling ohne Irrtum – und das heißt aus der absoluten Vorsehung seines Erziehers bzw. ohne die Interferenzen und Kontingenzen des Unvor(her)gesehenen – das Ziel seiner Erziehung erreicht.

Diese Erziehungsmethode ist selbstverständlich eine 'mögliche Methode', aber sie ist nicht die beste Methode. Die ideale Erziehungsmethode bestünde darin, dass der Zögling selbständig an sein Ziel gelangt, ohne dass der Erzieher die Bedingung des Gehorchens überhaupt gestellt hätte: Der Zögling internalisiert aktiv und selbsttätig die Bedingung der Methode seiner Erziehung. Internalisierung des Begehrens des Anderen durch das Subjekt bedeutet, dass der Andere sein Begehren nicht explizit zum Ausdruck bringt. Der Andere sagt nichts, denn er existiert nicht. Das Subjekt bringt auf seinem Weg den Anderen selbst hervor, wie Žižek erklärt: „[T]he very 'positing' of the big Other is a subjective gesture, that is, the 'big Other' is a virtual entity that exists only through the subject's presupposition."[15] Erst nachträglich betrachtet das Subjekt seinen Weg als vom Anderen vorbestimmt. Der ideale Zögling wäre mithin jener, der nach Erreichung seines Bildungszieles seinen Erzieher es post zur Welt brächte. Der beste Sohn ist nicht jener, der (als guter Sohn) den Willen seines Vaters gehorsam befolgt, sondern jener, der (als idealer Sohn) seinen nichtexistierenden Vater nachträglich erschafft und das Begehren des von ihm selbst erzeugten Vaters internalisiert. Nicht der Protagonist des *Erziehungs*romans, sondern der Protagonist des *Bildungs*romans ist der ideale Sohn: der Sohn, von dem alle Väter träumen.

Émile ist nicht Wilhelm, Rousseau ist nicht der Abbé. Rousseau ist weder der Andere, der das manifeste Gesetz des gestorbenen Vaters darstellt, noch das Über-Ich, das das unmanifeste Gesetz des zurückkehrenden lebenden Vaters darstellt. Streng genommen ist in *Émile, ou de l'éducation* nicht Rousseau der Erzieher: Der Erzieher ist nicht Rousseau, sondern Jean-Jacques. Im Text figuriert er nicht als Nach-, sondern als Vorname. Das bedeutet nicht, dass er einen anderen Nachnamen führt, sondern dass er ausschließlich einen Vornamen hat. Alle im Text wiedergegebenen Dialoge zwischen Erzieher und Zögling sind nicht Gespräche zwischen Rousseau und Émile, sondern zwischen Jean-Jacques und Émile. Der Umstand, dass der Erzieher nur einen Vornamen ohne zugehörigen Nachnamen hat, bedeutet, dass er nicht zum Symbolischen gehört, sondern im Imaginären situiert ist. Émile ist gerade das Ideal-Ich, dem Jean-Jacques ähnlich werden möchte. Émile ist, im Gegensatz zum fragmentierten Ich von Jean-Jacques, die einheitliche, vollkommene, kohärente Spiegel-Gestalt. Die Beziehung zwischen Émile und Jean-Jacques spielt sich ausschließlich im Imaginären ab. Émile ist kein Zögling, denn er ist kein Subjekt, sondern nur Jean-Jacques' Ideal-Ich.

Da Émile kein Subjekt ist, ist er kein Bildungsroman-Protagonist. *Émile, ou de l'éducation* gehört daher nicht zur Gattung des Bildungsromans. Der Grund für die Nicht-Zugehörigkeit zu diesem Genre liegt nicht darin, dass *Émile, ou de l'éducation* nicht vom Zögling selbst, sondern nur von seinem Erzieher verfasst worden ist. Das entscheidende Kriterium zur Unterscheidung von Erziehungs- und Bildungsroman (die zugleich die Epochen-Unterscheidung von Moderne und Vormoderne beinhaltet) liegt nicht in der anderen Perspektivierung, und auch nicht in der anderen Handlungsstruktur. In der Tat sind die Handlungsstrukturen des *Émile* und der *Lehrjahre* nicht nur ähnlich, sondern sogar exakt identisch: Émile tritt wie Wilhelm am Ende seines Weges in die Gesellschaft ein und heiratet; er erreicht die

---

15 Slavoj Žižek: *In Defense of Lost Causes*. London/New York 2008. S.113.

'Harmonisierung'. Trotz dieser Strukturparallele steht der *Émile* nicht in der Schnittmenge von Erziehungsroman und Bildungsroman – es gibt keine gemeinsame Schnittstelle der beiden Gattungen. Rousseaus Text gehört ausschließlich dem Genre des Erziehungsromans an. Denn es fehlen drei Grundvoraussetzungen der Gattung Bildungsroman: erstens ist Émile kein Subjekt, zweitens ist Rousseau nicht der Andere, drittens fehlt die für die Logik des Bildungsromans unerlässliche Bedingung des inkludierten Irrtums. Letztere ist im Folgenden noch näher zu beschreiben.

Die Moderne hat keine Angst vor dem Irrtum. Der Erzieher in der Moderne, die von ihrer Vorgänger-Epoche durch eine historische Kluft geschieden ist, weiß, dass die (Vor-)Angst und die (Vor-)Sorge seines vormodernen Kollegen nicht nur überflüssig, sondern sogar kontraproduktiv sind. Er spricht jenes besagte (bzw. tabuierte) Wort nicht nur bei vollem Bewusstsein und mit voller Betonung aus, sondern er nobilitiert den Irrtum mit einer programmatischen Doppelstrategie: erstens setzt er die Existenz des Irrtums beim Zögling methodisch voraus, zweitens instrumentalisiert er ihn in einer buchstäblich dialektischen Manier, indem der Irrtum gerade zum notwendigen Medium und Movens seiner Überwindung erklärt wird. Diese beiden Momente – Prämisse und Homöopathie bzw. Rosskur des Irrtums – sind auf engstem Raum zu einem pädagogischen Theorem konfundiert, wenn der Abbé „behauptet, der Irrtum könne nur durch das Irren geheilt werden" (550).

Nur der Speer also, der die die Wunde schlug, vermag sie zu heilen – der geradezu axiomatisch rehabilitierte Irrtum wird in einem doppelten Sinn zur Voraussetzung einer neuen, anderen Pädagogik, die, statt ihn vorab systematisch und stillschweigend zu vermeiden, ihn in seiner Existenz so methodisch wie explizit als gegeben nimmt und ihn so strategisch wie dialektisch zum wenn auch dornenreichen Weg seiner Umwendung oder Überwindung erhebt: „Nicht vor Irrtum zu bewahren, ist die Pflicht des Menschenerziehers, sondern den Irrenden zu leiten, ja ihn seinen Irrtum aus vollen Bechern ausschlürfen zu lassen, das ist Weisheit der Lehrer" (494f.). Das Symbolische, das die vormoderne Strategie, „vor Irrtum zu bewahren", in seiner pädagogischen Weisheit explizit negiert, vermeidet nicht antizipatorisch den Irrtum, sondern kalkuliert sein Vorhandensein im Zögling (der randvoll damit ist) ein und lässt ihn (ihm seinen Irrtum strategisch rückkoppelnd) sein ganzes, unabsehbar weites Feld bis zum Erreichen des bitteren Bodensatzes durchpflügen.

Die literarische Pädagogik von Goethes Bildungsroman veranschaulicht dementsprechend, dass Wilhelm *nicht trotz* sondern *gerade wegen* der Unmöglichkeit der Irrtumsvermeidung und *gerade wegen* der Notwendigkeit der Irrtumserkenntnis sein Bildungsziel gemäß dem Plan der Agenten seiner Bildung erreicht. Für den Eintritt ins Symbolische muss – in vollem Gegensatz zum Verbleiben im Feld des Imaginären – nicht nur die Existenz und die Möglichkeit, sondern die *Notwendigkeit* des Irrtums vorausgesetzt werden. Gerade durch die Durchquerung des Irrtums geht der Bildungsweg in Erfüllung. Der Irrtum hat mithin nicht nur die Funktion eines Umwegs, eines Aufschubs, einer Verzögerung, eines retardierenden Moments, sondern er wird zum Mittel, zum Medium, zum Heilmittel, zum Königsweg der Pädagogik. Der in der Epoche der Vormoderne situierte Rousseau unternimmt in seiner pädagogischen Propädeutik alles, um seinem Schützling das bittere Getränk des Irrtums zu ersparen (und sich selbst dadurch als vollkommenen Pädagogen zu präsentieren), der in der Epoche der Moderne situierte Goethe lässt ihn in seiner dialektisch konzipierten pädagogischen Weisheit den Kelch des Irrtums bis zur bitteren Neige leeren. Erst nach der vollständigen Durchquerung der Wüsten oder Dickichte des Irrtums wird das imaginäre Ich in einem Akt von Irrtumserkenntnis seine Verkennung erkennen. Es ist diese im Passieren und in der Passage des Irrtums enthaltene Logik des dialektischen und reflexiven Erkennens, die erst als Irrtums-Erkenntnis dem modernen Subjekt den Übergang vom Imaginären zum Symbolischen ermöglicht.

Die innerste Absicht des Symbolischen besteht mithin darin, Wilhelm *auf einem Umweg, durch die Irre hindurch* zum Ziel zu führen – der Irrtum und seine Erkenntnis sind der Grammatik oder Grammatologie des Bildungsprogramms der Turmgesellschaft im wahrsten Sinn des Wortes pro-grammatisch ein- und vor-geschrieben. Für den Protagonisten (und den Verfasser) des Bildungsromans ist aufgrund des Seins des Irrtums der umweglos zum Ziel führende Weg prinzipiell ausgeschlossen. Über diese Ontik hinaus aber ist er pädagogisch kontraproduktiv. Allein durch den Umweg, nur durch die Passage des Irrtums – die mehr und anderes ist als sein Passieren (im Sinne von Geschehen oder Vorkommen) – kann das Bildung-Ziel erreicht werden. Die kürzeste Verbindung zwischen zwei Punkten ist in der nichteuklidischen Geometrie des Bildungsromans nicht die Gerade, sondern der Umweg.

Diese Konzeption (und Konzeptualisierung) des Irrtums bedeutet nicht, dass der Protagonist einen kürzeren Weg hätte finden können. Vielmehr ist der Umweg der einzige und gleichzeitig der kürzeste Weg für den Eintritt ins Symbolische. Um dieses End-Ziel des Bildungsromans zu erreichen, muss Wilhelm Meister zahlreiche Irrtümer und Hindernisse überwinden oder (seinem Namen entsprechend) meistern, um zuletzt mit Müh' und Not im Ziel einzutreffen. Diese Struktur einer *notwendigen Verschränkung von Weg und Irre* ist der Grund, weshalb Wilhelms Freund Werner im Gegensatz zum Protagonisten des Romans das Bildungsziel nicht erreichen kann. Zwar erreicht auch Werner am Text-Ende wie Wilhelm das Ziel, die Endstation seiner Lebens-Bahn. Aber Werner gelangt sanft, mit Leichtigkeit, ohne Komplikationen und unter Auslassung eines Bildungswegs im eigentlichen, eminenten Sinn des Wortes an seinen Zielpunkt: Für ihn gelten die Prinzipien *Ziel ohne Weg* und *Weg ohne Irre*.

Das bedeutet, dass Werner die Gerade – den kürzesten Weg ohne Umweg und Umschweife, ohne Irrtum und Irrfahrt – gegangen ist. Diese Weg-Struktur stellt für ihn, der die Welt der Ökonomie und des Geldes verkörpert, die Auswahl der optimalen Koordinate dar. Was Werner indes fehlt (und erst in der Moderne im Status eines *notwendigen Defizits* aufzuscheinen vermag), ist eben der Irrtum. Für das moderne Subjekt, das sich zwar (noch) nicht über das probabilistische Prinzip von Versuch und Irrtum (oder *trial and error*), aber (schon) über Irrtum und Irrtumserkenntnis konstituiert, ist nicht die Endstation als die (Prä-)Destination seines Weges von entscheidender Bedeutung, sondern die *methodische Inklusion*, die *systematische Funktionalisierung* und die *dialektische Notwendigkeit* des Irrtums beim Erreichen des Zielpunkts des Bildungsweges.

Erst vor diesem erziehungs- und subjekttheoretischen Hintergrund wird ein Umstand verständlich, der in einem seiner selbst und seines Kunst-Status bewussten (Sprach-)Kunstwerk nicht ohne weiteres verständlich und schon gar nicht selbstverständlich ist: nämlich der Umstand, dass Wilhelm als der Inbegriff des modernen Subjekts seine geliebte Theatergruppe ohne Schmerzen verlässt und damit ebenso schmerzlos für seinen gesamten weiteren Lebens- und Bildungsweg die vormals hochgeschätzte Kunst insgesamt (für die die Schauspiel-Kunst *pars pro toto* steht) verwirft. Der Irrtum von Wilhelms Engagement im Theater, der – trotz der Notwendigkeit des Irrtums – (Schauspiel-)Kunst und Irrtum letztlich zu Synonymen werden lässt, stellt nicht einfach einen überflüssigen Umweg und einen vermeidbaren Irrtum dar, sondern ist gerade in seinem Umweg- und Irrtums-Charakter unerlässlich für die Konstituierung des modernen Subjekts.

Aus diesem Grund unterbindet die Turmgesellschaft, in der das Andere verkörpert ist, im Gegensatz zur vor-sichtigen und vorbeugenden Pädagogik Rousseaus nicht prophylaktisch die Erfahrungen Wilhelms mit der Kunst, sondern lässt ihn im Gegenteil immer weiter darin voranschreiten. Er muss seinen Irrtum aus vollen Bechern ausschlürfen – bis zu jenem Erkennen, das ein Erkennen *des Irrtums* ist (die Kunst ist ein – wenn auch notwendiger, unumgänglicher – Irrtum in der Gattung Bildungsroman). Für den Protagonisten des Bildungsromans ist der geradewegs und ungehindert zum Ziel führende Weg unmöglich. Erst nachdem er den Weg des Irrtums, den Irr-Weg im buchstäblichen Sinn, gegangen ist, kann er sein Ziel erreichen. Die umwegige Struktur des Bildungsromans bedeutet nicht, dass der Protagonist einen kürzeren oder den einzigen geraden Weg nicht finden konnte, sondern dass der Umweg der kürzeste und einzige Weg *ist*.

Das Theater-Motiv (und damit die Kunst, für die es synekdocheisch steht) in Goethes Roman ist daher lediglich als Mittel, Vehikel und Instrument zu betrachten, das dem Protagonisten zum *Erkennen des Verkennens* dient – die Kunst (und ebenso wenig die Liebe, wie an anderer Stelle der vorliegenden Untersuchung zu sehen sein wird) ist im Bildungsroman nicht als jene außerordentliche, exzeptionelle Realisationsmöglichkeit ausgezeichnet, in der das Subjekt (neben seinen tiefsten Abstürzen) die eminentesten Selbst-Erfahrungen machen und die höchste Potenz menschlichen Seins erreichen kann. Wilhelms Verkennung besteht in seiner Ansicht, dass er nur auf der Bühne ohne die Fesseln seiner bürgerlichen Herkunft frei sein und ohne Begrenzung leben kann:

> Daß ich Dir's mit einem Worte sage: mich selbst, ganz wie ich da bin, auszubilden, das war dunkel von Jugend auf mein Wunsch und meine Absicht. [...] Wäre ich ein Edelmann, so wäre unser Streit bald abgetan; da ich aber nur ein Bürger bin, so muß ich einen eigenen Weg nehmen, und ich wünsche, daß Du mich verstehen mögest. Ich weiß nicht, wie es in fremden Ländern ist, aber in Deutschland ist nur dem Edelmann eine gewisse allgemeine, wenn ich sagen darf, personelle Ausbildung möglich. Ein Bürger kann sich Verdienst erwerben und zur höchsten Not seinen Geist ausbilden; seine Persönlichkeit geht aber verloren, er mag sich stellen, wie er will. [...] Ich habe nun einmal gerade zu jener harmonischen Ausbildung meiner Natur, die mir meine Geburt versagt, eine unwiderstehliche Neigung. [...] Du siehst wohl, daß das alles für mich nur auf dem Theater zu finden ist, und daß ich mich in diesem einzigen Elemente nach Wunsch rühren und ausbilden kann. Auf den Brettern erscheint der gebildete Mensch so gut persönlich in seinem Glanz als in den obern Klassen; Geist und Körper müssen bei jeder Bemühung gleichen Schritt gehen, und ich werde da so gut sein und scheinen können als irgend anderswo. (290ff.)

In Wilhelm ist der (jedenfalls in Deutschland, wie er sagt, schwer realisierbare) Wunsch nach Bewahrung seiner Persönlichkeit und nach harmonischer Ausbildung seiner Natur erwacht, die eigentlich ein Privileg des Edelmannes ist. Er, der „nur ein Bürger" ist, wird sich im Zuge seiner soziologischen Selbst-Verortung jener gesellschaftlichen Differenz von Bürgertum und Aristokratie bewusst, die für ihn aufgrund seiner bürgerlichen Herkunft ein unüberwindliches Hindernis für die Verwirklichung seines Wunsches nach persönlicher und persönlichkeitsbewahrender Selbst-Bildung darstellt. In dieser Situation, in der dem Bürger im Verlauf seines Lebens zwangsläufig seine Persönlichkeit „verloren" geht, bietet ihm die Kunst die einzige Möglichkeit, ein Leben in Freiheit zu führen – eine künstlerische Lebensform, die zugleich mit dem Heraustreten aus der beschränkenden bürgerlichen Herkunft verbunden ist. Die Kunst stellt das einzige verfügbare Mittel des Bürgers dar, sein Bildungsziel zu erreichen. (Geistes-)geschichtlich betrachtet manifestiert sich in diesem Lösungsmodell jene für die Verhältnisse in Deutschland typische *ästhetische Wendung*, die die weiter westwärts als Umsturz der überkommenen staatlichen Ordnung realisierte (und zum Zeitpunkt der Niederschrift des Romans schon in *La Terreur* umschlagende) Freiheit um ihre politische Dimension verkürzt. Allein auf der Bühne ist Freiheit – gerade auf jenen Brettern also, die die Welt bedeuten, aber nicht sind. Nur mit dieser gravierenden Einschränkung ist die ästhetische Freiheit zugleich eine politische und soziologische, die die ständisch verfassten gesellschaftlichen Grenzen überspringt und sich oben auf der Rampe die Freiheit der „obern Klassen" erspielt. Folgerichtig gibt Wilhelm in seiner Theaterpraxis oder theatralischen Sendung ausschließlich die Prinzenrollen (nämlich aus Shakespeares *Hamlet* und Lessings *Emilia Galotti*). Durch dieses imaginär-identifikatorische Spiel *wird* er, der Bürger, der Edelmann sein will, auf der Bühne zum Prinzen.

Diese imaginäre Identifikation aber (in der die Gegenstandsbereiche Kunst und Gesellschaft zu einer gemeinsamen Konstellation zusammentreten) ist als Identifikation mit dem Ideal-Ich gerade Wilhelms Verkennung. Diese Verkennung ist vollständig von den Strukturen des Imaginären bestimmt. Für Wilhelm repräsentiert die Bühne das Imaginäre. Sie ist gerade nicht der Rahmen, der das Symbolische darstellt. Es handelt sich also bei Wilhelms Theater-Kunst gerade nicht um die Phantasiestruktur des Symbolischen, sondern um die Spiegelstruktur des Imaginären. Auf der Bühne – nämlich vor dem unsichtbaren Spiegel der Bühne, der nur für ihn sichtbar ist und ihm ein kohärentes Bild seiner selbst zurückwirft – ist Wilhelm nicht mehr ein fragmentiertes Subjekt und, aus dieser Körper-Struktur emergierend und ins Politische des Staats-Körpers übergehend, nicht mehr der partikularisierte Bürger, sondern der integre, integrale Adlige, der seine gesellschaftlichen Grenzen hinter sich lässt. Vor dem Bühnen-Spiegel oder der Spiegel-Bühne wird er zum Aristokraten. Er wird zu jenem vom Licht des Spiegels beleuchteten Selbst-Bild, welches das Ideal-Ich ist.

Diese imaginäre Struktur von Wilhelms Schau-Spiel stimmt vollkommen mit Lacans Beschreibung des Spiegelstadiums überein. Die unsichtbare reflektierende Leinwand zwischen Zuschauer und Bühne fungiert für Wilhelm als Spiegel(ungs)fläche seiner Selbstbespiegelung. Er liebt (narzisstisch, wie man sagt) sein eigenes Spiegelbild. Dieser Vorgang stellt in Lacans Theorie bekanntlich die Identifizierung des imaginären Ichs mit dem Ideal-Ich im Feld des Imaginären dar:

> [L]e *stade du miroir* est un drame dont la poussée interne se précipite de l'insuffisance à l'anticipation – et qui pour le sujet, pris au leurre de l'identification spatiale, machine les fantasmes qui se succèdent d'une image morcelée du corps à une forme que nous appellerons orthopédique de sa totalité, – et à l'armure enfin assumée d'une identité aliénante, qui va marquer de sa structure rigide tout son développement mental. Ainsi la rupture du cercle de l'*Innenwelt* à l'*Umwelt* engendre-t-elle la quadrature inépuisable des récolements du *moi*. [16]

Mittels des Spiegels gelangt das Subjekt vom fragmentierten Körper zum kohärenten Selbst-Bild. In diesem Vorgang aber ist es gerade *von sich selbst entfremdet*. Im Imaginären identifiziert es sich *nicht* mit sich selbst. Die imaginäre Identifizierung – die gerade die *unerkannte Verkennung* darstellt – bedeutet, dass das imaginäre Ich sich mit seinem Spiegelbild gleichsetzt: mit dem Bild dessen, was es werden möchte. Wilhelm identifiziert sich mit seinem Spiegelbild als Prinz, also mit dem Bild dessen, was er selbst zu werden wünscht: *Er will, was er werden will.*

---

16 Jacques Lacan: „*Le stade du miroir comme formateur de la fonction du Je telle qu'elle nous est révélée dans l'expérience psychanalytique*". In: *Écrits*. Paris 1966. S.97.

Die narzisstisch in sich verspiegelte Liebe Wilhelms zu sich selbst ist auch der Grund und das Wesen seines `Liebes´-Verhältnisses zu Marianne, die nicht zufällig auf der Theaterbühne steht, als Wilhelm sie zum ersten Mal erblickt. Marianne ist für Wilhelm nichts weiter als das Übergangobjekt für seine Theaterleidenschaft. Sie erscheint in dieser strengen Funktionalität ausschließlich im Rahmen und als Element von Wilhelms narzisstischem Bühnen-Traum, der seinen Blick auf sie von vorneherein codiert und mit dem sie schließlich verschmilzt: Sie „war ihm zuerst in dem günstigen Lichte theatralischer Vorstellung erschienen, und seine Leidenschaft zur Bühne verband sich mit der ersten Liebe zu einem weiblichen Geschöpfe" (14). Da die unreife narzisstische Liebe Wilhelms in ihrem Grunde Liebe zum Theater (und zu seinem Selbst-Theater) ist, gibt Wilhelm nach der Trennung von Marianne seine Theaterleidenschaft nicht etwa auf, sondern tritt, weiterhin sich selbst begehrend und bespiegelnd, in den Rahmen seines Traums ein. Er liebt sich selbst im Spiegelstadium der Bühne.

Die imaginäre Struktur von Wilhelms Theater-Liebe spiegelt sich nicht nur in seiner (Selbst-)Liebesbeziehung, sondern auch in der Topologie des Grafenschlosses, in das er als Bühnenkünstler eingeladen wird. Mit dieser Einladung erfüllt sich Wilhelms Aristokratentraum – aber freilich nur zur Hälfte, denn er wird nicht im neuen, sondern nur in dem alten Schloss einquartiert, das unbewohnt und halb verfallen ist. Im neuen Schloss, in dem der Graf residiert, ist, wie der sowohl als Bürger wie auch als Schauspieler verdächtigen Schauspieltruppe unzweideutig beschieden wird, „kein Raum für diese Gäste" (157). Abseits vom Imaginären der Bühne und dem identifikatorischen Schauspiel der Prinzenrollen bleiben die gesellschaftliche Trennung und die sogenannten feinen Unterschiede aufrecht.

Die Kunst ist für Wilhelm nur die halbe Eintrittskarte in die Welt der Aristokratie. Nur wenn er von seinen Dienstherren gerufen wird, hat er Zutritt zum neuen, eigentlichen Schloss. Auch in der Rolle des Ehemanns der Gräfin ist er nicht mehr als ein weiteres Objekt in der aristokratischen Staffage – sein Billet ist nur eine Stehplatzkarte. Es ist daher kein bautechnischer Zufall, sondern das Element einer sprechenden Architektur, wenn der große Saal, der zur Aufführung eines Theaterstücks geeignet ist, nur einen Zwischen-Raum bildet, der zwar „durch eine Galerie" mit dem neuen Schloss verbunden ist, aber eben doch „noch zum alten Schlosse gehörte" (163). Das Theater ist also – entsprechend Wilhelms Vorstellung von der Brückenfunktion der Kunst – zwar topologisch zwischen den Sphären angesiedelt, gehört aber aufgrund einer leichten und doch signifikanten Asymmetrie genau genommen mehr dem alten als dem neuen Bereich an.

Nicht nur Wilhelm ist in Besitz eines Spiegels, auch Mignon hat einen Spiegel. Aber die Oberfläche ihres Spiegels ist zersplittert. Im Spiegelstadium des Imaginären identifiziert das Subjekt (streng nach Lacan) ein Selbst-Bild, das anders ist als sein fragmentiertes, zerrissenes, zerstückeltes Körperbild: nämlich das einheitliche, kohärente, integrale Ideal-Ich. Die Voraussetzung einer erfolgreichen Selbst-Spiegelung ist selbstverständlich eine reine, glatte und intakte Spiegelfläche, die weder Brüche noch Unebenheiten aufweist. Mignons wahnsinniges Betragen über den ganzen Roman hinweg zeigt dagegen an, dass sie sich in ihrem zersplitterten Spiegel als zersplittert erkannt hat und dass ihre Selbst-Zersplitterung darüberhinaus durch die Spiegel-Fragmente zu einem Kaleidoskop vervielfacht wird, das ihr ohnehin zersplittertes Selbst-Bild weiter fragmentiert und zerstreut, in Brechungen von Brechungen überführt. In ihrem Spiegelstadium identifiziert Mignon – in diametralem Gegensatz zu Wilhelm – ein uneinheitliches, inkohärentes, desintegriertes Ideal-Ich, das sich durch die Brechung in den Frakturen des Spiegels noch weiter fragmentiert: Dispersion und Dissemination eines Bruch-Stücke zersplitterten Ich.

Der fragmentierte Körper identifiziert sich mit dem fragmentierten Bild im fragmentierten Spiegel – dieses deprimierende Zerrbild eines Spiegelungsverhältnisses aber bedeutet nicht einmal, dass durch das Gegenüberstehen von realem Objekt und realistischem Abbild eine (wenn auch in beiden Elementen negative) realistische Abbildung entsteht. Denn das Spiegel-Bild gibt erstens eine *andere* und zweitens eine *vervielfachte* Fragmentierung wieder. Das wiederum bedeutet nicht, dass Mignon *vor* dem und *ohne* das Spiegelstadium ihren wahren, immer schon fragmentierten Körper präsentiert. Es bedeutet auch nicht, dass vor dem Spiegelstadium ein einheitlicher, kohärenter Körper existiert, der nur von einer zerbrochenen Spiegelfläche als einem ungeeigneten optischen Medium verzerrt und zerstückelt werden würde. Vielmehr bedeutet es, dass das vor dem Spiegel stehende Subjekt immer schon fragmentiert ist. Bei der vor dem Spiegel stehenden Mignon ist das fragmentierte Selbst-Bild durch den fragmentierten Spiegel zweifach fragmentiert. Durch die Multiplizierung der Brennpunkte im fragmentierten Spiegel ergibt sich eine Zerstreuung, Dispersion, Dissemination des Bildes, während Wilhelms Selbst-Bild sich in einem einzigen Fokus sammelt, vereinheitlicht und zentriert.

Wilhelm und Mignon stehen beide gleichermaßen in einer imaginären Situation, aber die Spiegelflächen und die von diesen zurückgeworfenen Abbilder sind einander diametral entgegengesetzt. Das imaginäre Feld Wilhelms ist nicht zerstört, weil sein Ideal-Ich einheitlich und integral strukturiert ist. Bei Mignon hingegen ist das imaginäre Feld selbst zerstört, weil ihr Ideal-Ich gewaltsam fragmentiert ist. Wilhelm bewahrt das Imaginäre durch sein intaktes Bild, Mignon zerbricht das Imaginäre durch ihr zerbrochenes Bild. Das bedeutet nicht, dass Mignon überhaupt keinen Spiegel hat – sie hat einen *zerbrochenen* Spiegel. Es bedeutet auch nicht, dass Mignon überhaupt kein Imaginäres hat – sie hat ein *zerbrochenes* Imaginäres. Auch Mignon hat ein Spiegelstadium. Das wiederum bedeutet nicht, dass es für Mignon überhaupt keine Identifizierung gibt – es gibt für Mignon eine Identifizierung mit dem Fragmentierten. Mignon *ist* ein Fragment.

Was Wilhelm auf der imaginär-narzisstischen Theater-Bühne seines Ich, die ihm kohärente, ideale Selbst-Bilder zurückwirft, nicht erkennen kann, ist gerade der *Blick des Anderen*. In diesem Blick liegt (oder läge) jener Aspekt oder Blick-Punkt, an welchem das Subjekt *sich vom Anderen gesehen weiß*. Diese Blick-Struktur bildet gerade jenen Fokus, jene das *speculum* oder Perspektiv des Spiegels überschreitende Perspektive, in der er in dem Moment, als er seinen vom Symbolischen verfassten Lehrbrief erhält, den Blick des Anderen erkennt.

Als Zertifikat der erfolgreichen Absolvierung jenes Bildungs-Umweges, der gleichwohl der kürzeste ist, erhält Wilhelm vom Abbé einen Lehrbrief überreicht, der die offizielle Bestätigung seiner erfolgreichen Bildung darstellt. Mit der Aushändigung dieses Dokuments erkennt Wilhelm erstmals den Blick des Anderen, den er während seines Aufenthalts im Imaginären nicht wahrgenommen hatte. Durch Wilhelms Erkennen der Existenz und der Bedeutung des Anderen werden alle vormals kontingent erscheinenden zufälligen Ereignisse seiner Lehrjahre nachträglich und retroaktiv in einen zugleich kohärenten und ursächlichen, einen sinn- und planvollen Zusammenhang gebracht: sein Leben (statt ein kontingentes zu sein) wird ein konsistentes gewesen sein: eine Biographie, ein Roman, ein Bildungsroman.

Nicht nur auf den Brettern, die, wie man sagt, die Welt bedeuten, sondern auch hinter und abseits der Bühne war Wilhelm, wie er erst jetzt (also nachträglich) erkennt, immer schon unter dem Blick des Anderen gestanden, der seine Wege von Anfang an bestimmt hatte. Schließlich und endlich erkennt er, dass alle seine früheren Gedanken, Ansichten und Überzeugen seine Verkennungen waren. Endlich situiert er sich selbst nicht von innen, sondern lässt sich von außen her situieren. Durch diese Situierung seiner selbst in und aus der Position des Anderen kann Wilhelm vom Imaginären ins Symbolische übertreten. Dieser Übergang bedeutet, dass er vom Vor- zum Nachnamen wird: von Wilhelm zu Meister.

Diesem Wilhelm Meister wird – jetzt erst und streng nachträglich – bewusst, dass er auf seinem Bildungsweg im Medium der Kunst auf der Bühne, hinter der Bühne und vor der Bühne immer schon unbemerkt im Blick und unter der Regie des Anderen gestanden hatte. Nun erst sieht Wilhelm sich an dem Ort, an dem er seinerseits gesehen wird. Unter diesem Blick aber erwirbt er nichts Geringeres als eine andere Selbstwahrnehmung. Genau als diese Transformation des Eigen-Bildes kennzeichnet es in unmissverständlicher Weise Goethes denkwürdige Formulierung, die mit der diffizilen Unterscheidung von zweitem Selbst und anderem Selbst arbeitet: Wilhelm, so heißt es im Text, „sah zum erstenmal sein Bild außer sich, zwar nicht, wie im Spiegel, ein zweites Selbst, sondern wie im Porträt ein anderes Selbst" (505).

In Lacans Termini übersetzt, ist Wilhelm mit dieser Selbst-Erkenntnis aus dem Imaginären des Spiegelstadiums ins Symbolische übergetreten. Er erwirbt nicht ein „zweites Selbst" als Ideal-Ich sondern ein „anderes Selbst" als Ich-Ideal. Ein anderes Selbst außerhalb des Spiegels wahrzunehmen bedeutet, dass Wilhelm sich nicht in sich, sondern außerhalb seiner selbst sieht. Im Spiegelstadium sieht das Subjekt sich selbst, aber es erkennt nicht, dass der Blick es immer schon sieht. Sich selbst außerhalb seiner selbst zu sehen bedeutet, dass der Blick des Subjekts nicht mehr zu ihm gehört. Im Porträt sieht das Subjekt sich nicht mehr als ein *zweites* Selbst wie im Spiegel, sondern es sieht sich selbst als ein *anderes* Selbst: das Subjekt erkennt sich selbst im Porträt (statt im Spiegel), obwohl es dort nicht es selbst ist – nicht *verdoppelt,* sondern sozusagen *verandert.*

Die Art der Abbildung, die in Goethes denkwürdiger Formulierung mit einem Porträt verglichen wird, bedeutet also nicht, dass der Porträtist schlecht, unrealistisch oder antimimetisch gearbeitet hat, und auch nicht, dass im unkünstlerischen optischen Medium des Spiegels, im Gegensatz zum gemalten Porträt, das sogenannte wahre Ich zu sehen wäre, sondern sie bedeutet, dass das Subjekt *immer schon entfremdet* ist – im Spiegel wie im Porträt. Die Wirksamkeit des Porträts, das, wie Goethe schreibt, nicht ein zweites, sondern ein anderes Selbst zu sehen gibt, liegt darin, dass das Subjekt sich mit dem Blick des Anderen identifiziert. *Es sieht, dass es sieht, was der Andere sieht.*

Erst durch die und nach der Lektüre seines Lehrbriefs also erkennt Wilhelm die Existenz des Anderen – jenes Anderen mithin, der über die gesamte Strecke seines Bildungswegs hinweg bereits allgegenwärtig gewesen war und eine so stille und unsichtbare wie umfassende Regie über seine Wege geführt hatte. Dieses Erkennen des Anderen durch das Subjekt bedeutet indes nicht, dass es unmittelbar dessen Blick internalisiert – das Subjekt und das subjektivierte Subjekt sind zweierlei. Gerade nach dem Eintritt ins Symbolische nämlich pflegt das Subjekt die Frage nach jenem Begehren des Anderen zu stellen, das es, zu seiner tiefen Verstörung, mit seinem Eintritt entdeckt hat.

Wilhelm macht von dieser Regel keine Ausnahme. Nach dem Erhalt des Lehrbriefes befragt er den zur Turmgesellschaft gehörenden Jarno in Worten, die seinem Entsetzen unmissverständlich Ausdruck verleihen: „Sagen Sie mir lieber, mit Ihrer grausamen Bestimmtheit, was Sie von mir erwarten, und wie und auf welche Weise Sie mich aufopfern wollen" (553). Diese vom Subjekt nach seinem Eintritt ins Symbolische vorgebrachte Frage, die die Bestürzung über die Entdeckung des Begehrens offenbart (und nur noch Ungewissheit über die *Art,* nicht aber über die *Tatsache* der Opferung zurücklässt), entspricht strukturell und inhaltlich exakt jener Frage, die Lacan in seinem Graph einfügt: „Che vuoi?" oder „Was will der Andere?" Es handelt sich dabei gerade nicht um die Frage `Was will ich (von mir)?´ son-

dern um die Frage danach, *was der Andere von mir will* – nicht also 'Wer bin ich für mich?', sondern *Wer bin ich für ihn?*, und nicht 'Was sehe ich in mir?', sondern *Was sieht er in mir?*
Die Frage *Che vuoi?* impliziert und beweist die für das Subjekt schockierende Erkenntnis, dass der Andere möglicherweise das Begehren hat, es auszulöschen: das Subjekt stößt angesichts des Begehrens des Anderen auf die Möglichkeit seiner Vernichtung. Semiologisch gewendet, liegt in der existenziellen Frage nach dem Willen des Anderen die Unterscheidung von *énoncé* und *énonciation* und damit die Erkenntnis jener grundlegenden oder grundstürzenden Spaltung von Aussage und Ausgesagtem, die jede Äußerung durch die Frage nach ihrer verborgenen wahren oder eigentlichen Bedeutung mit dem bodenlosen Abgrund des Uneigentlichen zeichnet: der Andere sagt etwas, aber was will (oder meint) er eigentlich? In der Entdeckung eines Eigen-Willens des Anderen, mit der sich die unschließbare semiotische Differenz öffnet, ist also genau jene beängstigende Gespaltenheit von Bedürfnis und Anspruch enthalten, aus deren mathematischer Subtraktion Lacans Gleichung die Definition des Begehrens herleitet: Begehren = Anspruch – Bedürfnis.

Die Konfrontation mit dem Begehren des Anderen ruft im Subjekt die Angst vor dem Abgrund seines eigenen Begehrens hervor, den es durch jene Identifikation seines eigenen Begehrens mit dem Begehren des Anderen schließen wird, welche die Ideologie der Moderne bildet. Die Frage nach dem Willen des Anderen, die in Wilhelm das Rätsel der unartikulierten Erwartungen des Anderen und die Vorstellung des eigenen Geopfert-Werdens („was Sie von mir erwarten, und wie und auf welche Weise Sie mich aufopfern wollen") hervorruft, kehrt die Unerträglichkeit einer für das Subjekt äußerst quälenden Spannung hervor, die der Erkenntnis des (in seinem Inhalt unbekannten) Begehrens des Anderen entspringt. Es wird die Unerträglichkeit dieser Situation zuletzt dadurch beseitigen und den Abgrund des Begehrens des Anderen dadurch schließen, dass es selbst die Antwort auf die von ihm gestellte Frage gibt, welche die vexatorische, irritierende, verängstigende Unsicherheit beendet: 'Ich weiß, was der Andere von mir will, wer ich für ihn bin und was er in mir sieht'.

Die selbst gegebene Antwort *verbirgt* also gerade den Abgrund der Frage nach dem Willen des Anderen. Zugleich aber markiert sie jenen Punkt, an welchem das Subjekt sein Begehren mit dem Begehren des Anderen identifiziert. Das nach dem Eintritt ins Symbolische entstandene Begehren des Subjekts ist aufgrund dieser Identifizierung mit dem Begehren des Anderen aber nichts anderes als die *Verleugnung seines eigenen reinen Begehrens, das jenseits des Symbolischen* situiert ist. Die Identifizierung des Begehrens des Anderen mit dem eigenen Begehren, das das fremde Begehren zum eigenen Begehren macht, ist die Substituierung und Auslöschung des eigenen Begehrens. Das Begehren des Subjekts ist der Verrat seines Begehrens. Das Subjekt ist der Verräter seiner selbst.

Was in der Gattung des Bildungsromans das Beweisstück für den Selbstverrat des Protagonisten bildet, ist – das Glück. Žižek beschreibt in *Welcome to the Desert of the Real* dieses Glück als den Betrug am Begehren des Subjekts. Das Glück dessen, der sich dem Begehren des Anderen (üb-)ergeben hat, ist die Form seiner Verhaftung oder Selbst-Verschreibung an das Lustprinzip:

> In psychoanalysis, the betrayal of desire has a precise name: happiness. [...] Desire was the force which compelled the people to go further – and end up in a system in which the vast majority are definitely *less* happy.
>
> Happiness is thus – to put it in Alain Badiou's terms – not a category of truth, but a category of mere Being, and, as such, confused, indeterminate, inconsistent. [...] In short, 'happiness' belongs to the pleasure principle, and what undermines it is the insistence of a Beyond of the pleasure principle.

In a strict Lacanian sense of the term, we should thus posit that ′happiness′ relies on the subject′s inability or unreadiness fully to confront the consequences of its desire: the price of happiness is that the subject remains stuck in the inconsistency of its desire.[17]

Der Selbst-Verrat des Subjekts hat – wie die (Psycho-)Analyse von Goethes Roman in vollkommener Übereinstimmung mit dieser Diagnose zeigen kann – einen *Preis* im präzisen Doppelsinn des Wortes: die (Un-)*Kosten* der Aufgabe des eigenen reinen Begehrens und die *Belohnung* für diese Selbstaufgabe: der Verräter Wilhelm bekommt vom Symbolischen einen Lobbrief als Prämie für die Ersetzung und Vernichtung seines eigenen reinen, jenseits des Symbolischen situierten Begehrens verliehen. Das feierliche Ritual der Verleihung eines Lehrbriefs stellt in *formaler* Hinsicht jene Zeremonie dar, die den Abschluss der Lehrzeit (oder der Lehrjahre) bedeutet und im Dokument eines Reife-Zeugnisses besiegelt und zertifiziert. Die Verleihungsfeierlichkeit samt Übergabe des Lehrbriefs ist identisch mit der Entlassungsfeierlichkeit zum Abschluss der Lehrjahre, sozusagen Wilhelms Abitur – ein Reifezeugnis freilich, das in *inhaltlicher* Hinsicht den Selbstverrat prämiert.

In *funktionaler* Hinsicht bilden die Entlassungszeremonie und die Aushändigung des Lehrbriefs eine Art von Schwellenritus. In Goethes Darstellung aber ist ein hochsignifikanter zeitlicher Abstand zwischen die Akte der Verleihung und der Entlassung gelegt, der von entscheidender Bedeutung ist. Der Roman endet weder unmittelbar nach der Aushändigung des Lehrbriefs, der den erfolgreichen Abschluss des Bildungsweges offiziell dokumentiert, noch auch unmittelbar mit der Verheiratung Wilhelms mit Nathalie, die das private und bürgerliche Glück institutionell besiegelt – mit jenen beiden Ereignissen eines *happy end* also, die die zwei naheliegenden und zu erwartenden Variations- bzw. Kombinationsmöglichkeiten des Romanschlusses bilden könnten.

Der tatsächlich, im faktischen Handlungsverlauf des Romans dazwischenstehende, intermittierende, ja geradezu intervenierende Einschub Goethes ist weder eine mit dramaturgischen Überlegungen zu erklärende Abschweifung oder ein kalkuliertes retardierendes Moment, noch gar ein struktureller, kompositorischer Fehler der Romankonzeption, sondern eine Konsequenz von tiefer Notwendigkeit: Um die in der geradezu argwöhnischen, mit der Vorstellung des Geopfert-Werdens verbundene Frage Wilhelms anklingende Unvollständigkeit des Anderen vorzuführen, aber auch um den Übergang zur Vervollständigung des Anderen mittels der Phantasieformel vorzubereiten, führt Goethe im Hiat seiner Narration die ironische Darstellung des Mangels der Turmgesellschaft zwischen Aushändigung des Lehrbriefs und Vollendung des Glücks ein. Die Ironie, die das (für die weitere Bildungsroman-Tradition prägende, vorbildliche und verbindliche und für eine bestimmte Rezeptionsrichtung der Gattung dominante) Stilmittel der Darstellung des Mangels des Anderen bildet, ist im Genre des Bildungsromans neben dem Belieben des Verfassers zu wählende oder zu vernachlässigende Option und auch keine bloße von Goethe begründete Gattungskonvention, sondern eine strenge und unverzichtbare – aber auch temporäre, vorübergehende, nicht endgültige – Notwendigkeit. Die Phantasieformel, die das zeitlich begrenzte Intermezzo der Ironie beendet, wird daran anschließend, in einem zweiten Schritt, exakt an der Stelle jenes Übergangs von der Darstellung der Unvollkommenheit zur Vervollkommnung des Anderen platziert werden, welchen sie selbst bewerkstelligt.

Um die mittels des Stilmittels der Ironie exponierte Unvollständigkeit des Symbolischen wieder zu verbergen, bedarf es im Genre des Bildungsromans des Objekts a, das als

---

17 Slavoj Žižek: *Welcome to the Desert of the Real*. London/New York 2002. S.58f.

Element in der Phantasieformel enthalten ist. In Goethes Roman wird das im Kern des Symbolischen situierte Objekt a von Nathalie repräsentiert. Ihre Positionierung bedeutet nicht, dass Nathalie der Turmgesellschaft (an-)gehört, sondern dass sie die Lücke des Symbolischen verkörpert und daher sichtbar macht: „[M]eine angenehmste Empfindung", verkündet Nathalie im Wissen um ihre Funktion im Symbolischen und gleichsam in Vorwegnahme von Lacans Theorie, „meine angenehmste Empfindung war und ist es noch, wenn sich mir ein Mangel, ein Bedürfnis in der Welt darstellte, sogleich im Geiste einen Ersatz, ein Mittel, eine Hülfe aufzufinden" (526). Aufgrund dieser Funktionsbestimmung Nathalies (als eine Art von `Lückenbüßerin´ sozusagen, die den strukturellen Mangel zugleich *anzeigt* und *schließt*) und ihrer spezifischen Situierung ist es kein Zufall, dass Wilhelm sie zunächst als Amazone wahrnimmt. Als er, am Boden liegend, Nathalie zum ersten Mal erblickt, sieht er sie auf einem weißen Pferd reiten. Er befindet sich in dieser Szene der Erstbegegnung – unter Umkehrung der Geschlechterverhältnisse und ihrer Verhaltensstereotypien – in der Position einer Prinzessin, die ihren auf einem weißen Pferd herangaloppierenden Prinzen und Retter gewahrt: „auf einem Schimmel reitend, ein Frauenzimmer zu Gesichte kam, [...] die schöne Amazone". (226)

Das in einer Ekphrasis von Goethes Roman beschriebene Gemälde mit dem Titel *Der kranke Königssohn* kann geradezu als Allegorie von Wilhelms Situation vor der Eheschließung mit Nathalie gelesen werden: Die in dem Bild dargestellte Episode zeigt einen König, der seine junge schöne Braut zum Wohl des Königreichs seinem Sohn überlässt, der unglücklich in seine Stiefmutter verliebt ist. Wilhelm identifiziert sich mit dem Königssohn, Nathalie entspricht der Königin Chlorinde. Element für Element in Lacans Kategorien übersetzt (wie es sich für Allegoresen geziemt), schenkt das im König repräsentierte Symbolische um der Vervollkommnung der symbolischen Ordnung willen, die dem Wohl des Königreichs entspricht, das Objekt a, für das die Königin steht, dem modernen Subjekt, das vom Königssohn verkörpert wird. Auf das strukturelle Schema von Goethes Roman zurückübertragen, bedeutet diese streng allegorische Bild-Szene, dass die Turmgesellschaft Wilhelm Nathalie zur Frau gibt, damit das Ziel des Bildungsromans erreicht werden kann.

Wilhelm identifiziert sich also keineswegs unmittelbar nach der Erkenntnis des Blicks des Anderen mit dem Ich-Ideal; auch macht Goethe durch das Stilmittel der Ironie den Mangel des Symbolischen sichtbar. Gerade an diesem durch Ironisierung und Verzögerung zweifach markierten Punkt, an dem sich Wilhelm in harschen Worten von der sich überraschend als unvollkommen erweisenden symbolischen Ordnung verstört zeigt, tritt die Phantasieformel in Funktion. Nach Lacans Theorie kann die zutage tretende Lücke des Symbolischen mittels der Phantasiefunktion erfolgreich verborgen werden. Sie stellt sozusagen den (ideologischen) Schließmechanismus für die Kluft des Symbolischen dar.

Von zentraler Bedeutung für Goethes Darstellung dieses entscheidenden Vorgangs, der die Ideologie des Bildungsromans und der Moderne bildet, ist mithin, dass er trotz seiner Erkenntnis der Unvollkommenheit des Anderen zu jener Vervollkommnung des Anderen übergeht, die mittels der zwischen Subjekt und Objekt a vermittelnden Phantasie erfolgt. Am Ende des Romans wird durch das vollkommene Glück der Eheschließung zwischen Wilhelm und Nathalie die ironische Haltung Wilhelms gegenüber der Turmgesellschaft, die nur eine wenn auch notwendige, so doch begrenzte Phase der Darstellung bildet, gelöscht – sie war nur ein Zwischenschritt, eine Episode, ein Übergang. Die Durchstreichung des Anderen, in der Lacan graphisch dessen Unvollkommenheit symbolisiert, wird aufgehoben oder selber durchgestrichen – die ironische Haltung ist weder der Schluss- noch der Hauptakzent des Romans (und der gesamten Gattung).

Von diesem – für die Interpretation des Genres entscheidenden – Punkt her betrachtet, offenbaren sich durch den Bezug auf Lacans Theorie in aller Deutlichkeit die Position und der Sinn der Ironie als Erzählhaltung in der Moderne und insbesondere in ihrem zentralen Genre des Bildungsromans: Das moderne Subjekt erkennt und anerkennt das Andere nicht von Anfang an als vollkommene Ordnung. Vielmehr löscht es im Anschluss an seine Wahrnehmung der Unvollkommenheit des Symbolischen durch seine eigene Aktivität die Durchstreichung des Anderen aus, indem es das Objekt a selbst aktiv begehrt – das eigene, selbsttätig hervorgebrachte Begehren streicht seinerseits die Durchstreichung des Anderen aus. Zentral und bestimmend für das Verständnis der Gattung des Bildungsromans ist nicht die – unbestreitbare – Erkenntnis, dass die Ironie im Text existiert, und auch nicht jene (selbst ideologische) Ansicht, dass die kritisch-ironische Haltung des Protagonisten und des Erzählers als Subjekt aufgrund von dessen Wissen und Einsicht in die Unvollkommenheit des Anderen exkulpiere. Zentral (zentral nämlich für die Ideologie des Bildungsromans, des Subjekts, der Moderne) sind jene anderen Erkenntnisse, dass, erstens, die – topologisch beschränkte – Ironie im Text eine Stelle und einen Stellenwert besitzt, wie sie, zweitens, innerhalb der Ökonomie des Textes an ihrer zugleich umgrenzten und genau bestimmten Stelle funktioniert (und funktionalisiert wird), und, drittens, welche Folgen und Folgerungen sie nach sich zieht. Die Ironie im Bildungsroman ist nicht nur nicht dessen letztes Wort, sie liefert auch – für den Protagonisten und für den Erzähler, für den Verfasser und für den Leser – keine Legitimation für die Identifizierung des eigenen Begehrens mit dem Begehren des Anderen. Die Ironie taugt nicht als Unschuldsgarantie und Blankoscheck der Unschuld (und auch nicht als Argument gegen die Ideologizität des Bildungsromans und seiner Subjekt-Konzeption).

Der erfolgreiche Eintritt ins Symbolische hat für das Subjekt, das ihn vollzieht, die Bedeutung und den Effekt, dass es den Vorgang seiner Subjektivierung vervollständigt. Subjektivierung ist definiert als die Identifizierung des Subjekts mit dem Ich-Ideal im Symbolischen. Der Grund, weshalb die Gattung des Bildungsromans die repräsentative Form der Epoche der Moderne darstellt, liegt darin, dass dieses Genre am klarsten und deutlichsten diese Subjektivierung des Subjekts zu erkennen gibt, die in ihm buchstäblich verkörpert ist: Der Bildungsroman gibt den Eintritt ins Symbolische als jenen inneren Vorgang zu lesen, der die unabdingbare Voraussetzung für die Konstituierung, die Stabilisierung und die Rechtfertigung des Symbolischen ist. Die Identifizierung des Subjekts mit dem Ich-Ideal ist die Vervollkommnung der Subjektivierung und die Bejahung dieser Subjektivierung.

Der Bildungsroman verkörpert diese Subjektivierung des Subjekts, die nichts anderes als die *Ideologie der Moderne* ist. Er inkorporiert die Ideologie der Moderne in einer zugleich bannenden und von sich selbst gebannten Weise, voll jener Faszination, die das doppelte Gebanntsein seiner selbst und seiner Leserschaft kennzeichnet. Die Gattung des Bildungsromans (in ihrer Ideologizität) zeigt mit aller Faszination die Internalisierung des Begehrens des Anderen durch das Subjekt als das (königliche) Thema vom `Anderen dem Großen´. Zu keinem Zeitpunkt wurde das moderne Subjekt vom Anderen von seinem Bildungsweg abgebracht und verdrängt. In der Identifizierung mit dem Ich-Ideal begehrt das moderne Subjekt das Begehren des Anderen: *es will, dass es will, was der Andere will.*

In Goethes Bildungsroman übersetzt lautet diese Formel der Ideologie: Wilhelm will, dass er will, was die Turmgesellschaft will. Streng genommen ist die Turmgesellschaft im Sinne von Lacans Theorie selbstverständlich nicht der große Andere (A) sondern der kleine andere (a´). Letzterer ist bei Goethe in Gestalt der Turmgesellschaft repräsentiert, die ihrerseits die Vermittlung zum großen Anderen bewerkstelligt. Nach herkömmlicher Auffassung ist die Beziehung zwischen Subjekt und Anderem eine auf Gegenseitigkeit beruhende Wechselbeziehung, die durch ihre Unmittelbarkeit gekennzeichnet ist. Im Gegensatz zu dieser verbreiteten Ansicht zeigt Lacans Erläuterung zu seinem Schema im Seminar II *Le moi dans la théorie de Freud et dans la technique de la psychanalyse*, dass diese reine unmittelbare Beziehung zwischen Subjekt und Anderem nicht existiert:

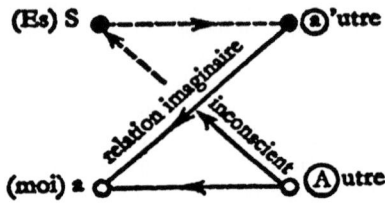

> Il[le sujet] se voit en *a*, et c'est pour cela qu'il a un moi. Il peut croire que c'est ce moi qui est lui, tout le monde en est là, et il n'y a pas moyen d'en sortir.
> Ce que nous apprend d'autre part l'analyse, c'est que le moi est une forme tout à fait fondamentale pour la constitution des objets. En particulier, c'est sous la forme de l'autre spéculaire qu'il voit celui que, pour des raisons qui sont structurales, nous appelons son semblable. Cette forme de l'autre a le plus grand rapport avec son moi, elle lui est superposable, et nous l'écrivons *a'*.
> Il y a donc le plan du miroir, le monde symétrique des *ego* et des autres homogènes. Il faut en distinguer un autre plan, que nous allons appeler le mur du langage.
> C'est à partir de l'ordre défini par le mur du langage que l'imaginaire prend sa fausse réalité, qui est tout de même une réalité vérifiée. [...] En d'autres termes, nous nous adressons de fait à des A_1, A_2, qui sont ce que nous ne connaissons pas, de véritables Autres, de vrais sujets.
> Ils sont de l'autre côté du mur du langage, là où en principe je ne les atteins jamais. Fondamentalement, ce sont eux que je vise chaque fois que je prononce une vraie parole, mais j'atteins toujours *a'*, *a''*, par réflexion. Je vise toujours les vrais sujets, et il me faut me contenter des ombres. Le sujet est séparé des Autres, les vrais, par le mur du langage. [18]

Ohne Ausnahme müssen beide Instanzen von etwas anderem – Spiegelbild (a) und kleinem anderen (a') –, das jeweils als Vermittlungsinstanz oder Medium fungiert, mediiert werden. Das Subjekt (in seiner Illusion) ist der Ansicht, eine nicht-vermittelte, unmittelbare Beziehung zum großen Anderen herzustellen und zu unterhalten, aber dieser direkte Bezug ist von beiden Seiten her ausgeschlossen. Das Spiegelbild (a) ersetzt die Rolle des Subjekts (S), und der kleine Andere (a') ersetzt die Position des großen Anderen (A). Die beiden einander gegenüberstehenden Instanzen a und a' substituieren also das Subjekt und den großen Anderen. Ohne diese Mediation (auf die sie prinzipiell beschränkt ist) kann die Beziehung von Anfang an nicht existieren. Es ist gerade der große Andere, der als dritte (oder erste) Position diese Beziehung bestimmt. Der große Andere kann etwa von einer Institution wie der Turmgesellschaft verkörpert werden, aber diese Verkörperung bedeutet nicht, dass er selbst körperlich ist – er ist die entkörperlichte symbolische Ordnung. Daher erscheint das Symbolische als der große Andere in Goethes Roman durch die Vermittlung der Turmgesellschaft als der kleine andere.

---

18 Jacques Lacan: *Le moi dans la théorie de Freud et dans la technique de la psychanalyse*. Paris 1978. S.334ff.

Zum Zweck der Anerkennung des Symbolischen, die durch diese Mediatisierung der Turmgesellschaft ermöglicht wird, erhält Wilhelm die Aufforderung zur *Tätigkeit*. Tatsächlich versetzt sich Wilhelm in Tätigkeit. Aber er vollzieht niemals eine *Tat*. Ausgehend von Lacans Theorie ist eine scharfe Unterscheidung von Tat und Tätigkeit zu treffen. Žižek hat an verschiedenen Orten, am eindringlichsten in *The Ticklish Subject,* darauf hingewiesen:

> Whenever a subject is 'active' (especially when he is driven into frenetic hyperactivity), the question to be asked is: what is the underlying fantasy sustaining this activity? The act – as opposed to activity – occurs only when this phantasmic background itself is disturbed. In this precise sense, act for Lacan is on the side of the object *qua* real as opposed to signifier (to 'speech act'): we can perform speech acts only in so far as we have accepted the fundamental alienation in the symbolic order and the phantasmic support necessary for the functioning of this order, while the act as real is an event which occurs *ex nihilo*, without any phantasmic support. As such, the act as object is also to be opposed to the subject, at least in the standard Lacanian sense of the 'alienated' divided subject: the correlate to the act is a divided subject, but not in the sense that, because of this division, the act is always failed, displaced, and so on – on the contrary, the act in its traumatic *tuche* is that which divides the subject who can never subjectivize it, assume it as 'his own', posit himself as its author-agent – the authentic act that I accomplish is always by definition a foreign body, an intruder which simultaneously attracts/fascinates and repels me, so that if and when I come too close to it, this leads to my *aphanisis*, self-erasure. If there is a subject to the act, it is not the subject of subjectivization, of integrating the act into the universe of symbolic integration and recognition, of assuming the act as 'my own', but, rather, an uncanny 'acephalous' subject through which the act takes place as that which is 'in him more than himself'. The act thus designates the level at which the fundamental divisions and displacements usually associated with the 'Lacanian subject' (the split between the subject of the enunciation and the subject of the enunciated/statement; the subject's 'decentrement' with regard to the symbolic big Other; etc.) are momentarily suspended – in the act, the subject, as Lacan puts it, *posits himself as his own cause*, and is no longer determined by the decentred object-cause.[19]

Die beiden Begriffe und Konzepte der Tat und der Tätigkeit sind nicht nur streng voneinander geschieden, sondern in eine konträre Relation gebracht: Tat ist der *Gegensatz* von Tätigkeit. Die Tat ist durch jene Eigenschaft charakterisiert, dass sie die Phantasie *zerstört*, während die Tätigkeit die Phantasie *stabilisiert*. Mittels der Durchquerung der Phantasie *vernichtet* die Tat das Symbolische, dessen Lücke sie *enthüllt*; mittels ihres Verbleibens in der Phantasie *konsolidiert* die Tätigkeit das Symbolische, dessen Lücke sie *verdrängt*. Die Tätigkeit ist im Symbolischen eingeschrieben, die Tat dagegen ist am Punkt des Übergangs vom Symbolischen zum Realen situiert.

Die Tat erscheint aus dem Nichts, sie ist das reine Ereignis ohne Stützung der Phantasie. Das Subjekt der Tat ist nicht das bereits subjektivierte Subjekt, sondern das reine Subjekt, nämlich das *Subjekt gegen die Subjektivierung*. Das Subjekt der Tat vollzieht und vollbringt buchstäblich *nichts*; durch die Tat wird das Symbolische ausgelöscht, vollständig vernichtet: sie nichtet, sie *macht nichts*. Im Gegensatz zu dieser nichtenden, vernichtenden, annullierenden, annihilierenden, exterminatorischen Tat vollzieht die Tätigkeit *etwas*. Durch die Tätigkeit, die *etwas* oder *ein Etwas* tut und macht, wird das Symbolische gestützt. Da die Tat die

---

19 Slavoj Žižek: *The Ticklish Subject*. London/New York 2000. S.374f.

Grenze des Symbolischen überschreitet, kann und darf sie – im Gegensatz zur Tätigkeit (die bekanntlich zu den Schlüssel- und Lieblingsworten des Verfassers des *Wilhelm Meister* zählt) – im Genre des Bildungsromans nicht vorkommen. Die Tat bezeichnet eine konstitutive Grenze der Gattung.

Die Anwendung der lacanschen Konzepte von Tat und Tätigkeit auf die Theorie der sexuellen Differenz ordnet (nicht ohne fundamentale Irritation konventioneller Geschlechterstereotypien) die Tat ausschließlich der Frau zu, die Tätigkeit ausschließlich dem Mann. Es ist die Position von Zupančič, dass nur die Frau ein Subjekt ist und demnach das elementare Faktum der Geschlechterdifferenz derart zu (re-)formulieren ist, dass es nicht Männer und Frauen, sondern Männer und Subjekte gibt:

> One could actually say that if 'Woman does not exist' (which, as we know, follows from these formulas[Lacan's formulas of sexuation]), it is because 'she' is a subject, in the strict sense of the word; and that if Man exists, it is because he is not yet altogether a subject. The fundamental statement of these formulas would thus be: there are men and there are subjects.[20]

Die Frau will durch die Tat an einen Ort jenseits des Symbolischen gelangen, der Mann will durch die Tätigkeit im Symbolischen verbleiben. Da der Bildungsroman das Genre des Mannes darstellt, besteht alle Aktivität seiner Protagonisten, die ausschließlich Männer sind, nach dem Eintritt ins Symbolische nicht in der Tat, sondern in der Tätigkeit. Tat und Bildungsroman sind von Anfang an und prinzipiell unvereinbar und unversöhnlich, nur Tätigkeit und Bildungsroman sind kompatibel und miteinander verträglich. Der Grund für die starke Betonung der Tätigkeit in Goethes Bildungsroman liegt ausschließlich in ihrer Verbergungsfunktion: Wilhelm als Protagonist dieses Genres darf kein 'Mann der Tat' sein. Er schreitet nicht zur Tat, sondern bleibt tätig.

Das höchst sonderbare Kapitel *Bekenntnisse einer schönen Seele* steht sowohl aufgrund seiner formalen Eigenheit als auch aufgrund seines bedrohlichen Inhalts wie (oder als) ein Fremdkörper im übrigen Kon-Text von Goethes Roman. In der disparaten Gestalt eines quer zu seiner textuellen Umgebung stehenden Einschubs, der sich in seiner buchstäblich herausragenden Form unübersehbar als Einschub kenntlich macht, besteht dieser Abschnitt des *Wilhelm Meister* geradezu eigensinnig auf seiner äußerst merkwürdigen Gestalt und Existenz. In dieser ihrer eigentümlichen Form in- und existieren die *Bekenntnisse*. Aufgrund der höchst ungewöhnlichen Gestaltung und Thematik des Kapitels sind die *Bekenntnisse einer schönen Seele* bereits bei Goethes zeitgenössischen Lesern auf bemerkenswert unterschiedliche, ja geradezu gegensätzliche Einschätzungen gestoßen, die von begeisterter Zustimmung bis zu vehementer Ablehnung reichen: Eine Fraktion wollte dieses Kapitel verb(r)annt wissen, eine andere stattdessen den ganzen Rest des Romans.

Diese tiefe Gespaltenheit der Rezeption, die das gesamte Spektrum möglicher Beurteilungen zwischen enthusiastischer Zustimmung und leidenschaftlicher Ablehnung abdeckt, ist wenig überraschend angesichts der frappierenden inhaltlichen und formalen Eigenheit des Kapitels, das in seiner Disparatheit unabweisbar die Frage nach seiner thematischen und ästhetischen Integration in das Gesamtkorpus des Romans aufwirft. Die geradezu anstößige Gestalt der *Bekenntnisse* in ihrer schneidenden Disparatheit und die tiefe Kluft zwischen den ei-

---

20 Alenka Zupančič: *"The Case of the Perforated Sheet"*. In: Renata Salecl (Hg.): *Sexuation*. Durham/London 2000. S.290.

nander diametral widersprechenden Einschätzungen schon der frühesten Leser spiegeln gewissermaßen die Fremdheit des Kapitels und lenken den Blick wiederum zurück auf dessen provokative Gestalt: Bei den *Bekenntnissen einer schönen Seele*, deren Verfasser so lakonisch wie bestimmt auf der Notwendigkeit und Unverzichtbarkeit seiner sonderbaren Intarsie insistiert hatte, werden mit besonderer Dringlichkeit Form und Inhalt in ihrer verzerrten, gewissermaßen anamorphotischen Gestalt selbst zum Gegenstand der Interpretation.

Gerade in ihrer sonderbaren Des-Integration aber (deren verstörende Kraft mit der Forderung nach einer Separation des Kapitels vom übrigen Romankorpus von *beiden* Seiten der zeitgenössischen Rezeption neutralisiert würde) zeigen die *Bekenntnisse* jene unverzichtbare Notwendigkeit, auf der ihr Verfasser so wortkarg wie entschieden bestanden hatte: Das buchstäblich seltsame Kapitel ist – gerade in dieser seiner Form oder Unförmigkeit – unerlässlich notwendig für den Erfolg der Konstituierung des modernen Subjekts und die Herausbildung der Epoche der Moderne. Ohne dieses disparate Fremdstück kann das Ziel des Bildungsromans schlichtweg nicht erreicht werden.

Lacans vollständiger Graph veranschaulicht, dass es für den Eintritt des Subjekts ins Symbolische nicht genügt, nur den Signifikanten-Vektor zu treffen, sondern dass – in einer Bewegung, die im buchstäblichen Sinn *darüber hinaus* führt – der in der oberen Hälfte des Graphen abgebildete Jouissance-Vektor getroffen werden muss. Ohne dieses Treffen des Jouissance-Vektors ist es dem Subjekt unmöglich, ins Symbolische einzutreten. Diese unerlässliche Begegnung mit dem Jouissance-Vektor aber stellt exakt jene unumgängliche Notwendigkeit dar, die das diffizilste Problem bei der Konstituierung des modernen Subjekts bereitet (und sich in der diffizilen Notwendigkeit des eigentümlichsten Kapitels von Goethes Roman wiederspiegelt): Die Jouissance muss nämlich zugleich *getroffen* und – im Anschluss an eine Wende, die die in Lacans Abbildung am oberen Ende sichtbare Richtungs-Umkehr des Subjekt-Vektors bewirkt – *verdrängt* werden.

Die formale und inhaltliche Gestalt wie auch die romaninterne Situierung des Kapitels *Bekenntnisse einer schönen Seele* nun sind in einem genauen Sinn die *Exponierung* und zugleich die *Lösung* dieses im eigentlichen Sinne kritischen und scheinbar widersprüchlichen Problems: die präzise Platzierung des verstörenden Kapitels in der Mitte des Romans – also im topologischen Zwischenraum von Theater und Turmgesellschaft (und das wiederum heißt zwischen Imaginärem und Symbolischen) – exponiert gerade die Begegnung von Subjekt und Jouissance-Vektor, und die disparate innere Gestalt des Kapitels inszeniert in der Form dieses Zusammentreffen die Verdrängung. Nur *dank* des und erst *nach Abschluss* jenes unverzichtbaren Umweges, den das sonderbare Kapitel namens *Bekenntnisse einer schönen Seele* formal und inhaltlich darstellt, vermag Wilhelm schließlich und endlich ins Symbolische einzutreten. In der buchstäblich auffälligen, geradezu hervorstechenden Form eines Kapitel-Einschubs oder Einschub-Kapitels wird einerseits das Reale verdrängt, andererseits kommt das Verdrängte gerade in dieser entstellten, verdrängten Form zur Erscheinung – es taucht anamorphotisch verzerrt an der Oberfläche des Textes und seiner Textur auf.

Die *Bekenntnisse einer schönen Seele* befinden sich im Gesamtzusammenhang von Goethes Romantext präzise am Punkt des Übergangs vom Imaginären zum Symbolischen. Wilhelm kann ohne die Durchquerung dieses Kapitels, das eine ebenso fremdartige wie notwenige Zone der Ablenkung und des Umwegs darstellt, das Symbolische nicht erreichen. Das Subjekt muss – wie *in dem* und streng *nach dem* Graphen Lacans – den Jouissance-Vektor passieren, der von der schönen Seele verkörpert wird. Erst nach der Durchquerung dieser Ablenkungs- und Irritationszone, die die Richtung des Weges des Subjekts verändert, und erst nach der Vollendung seiner Kurvenbahn, die einen nicht etwa überflüssigen, sondern unverzichtbaren Umweg darstellt, kann Wilhelm endlich sein Bildungsziel erreichen. Es ist also

37

nichts anderes als die Natur des Bildungs-Weges selbst, den Wilhelm zu gehen hat, welche den Grund dafür bildet, weshalb das Kapitel *Bekenntnisse einer schönen Seele* in der *Notwendigkeit* und der *Fremdartigkeit* seiner Form, in seiner *fremdartigen Notwendigkeit* und *notwendigen Fremdartigkeit* in den Gang der Handlung eingeschoben und formal als Einschub gekennzeichnet werden muss. Die schöne Seele ist eine notwendige Überschuss-Jouissance. Diese Überschuss-Jouissance als unerlässliches Schnipsel des Realen ist *im* Text als *Surplus des Textes* inseriert.

Die schöne Seele ist in ihrer Eigenschaft als Jouissance an einem Ort jenseits des Symbolischen situiert und trägt, wie Lacan im Seminar VII *L'éthique de la psychanalyse* ausführt, aufgrund dieser Situierung alle Zeichen nahezu vollständiger Unzugänglichkeit an sich. Diese beinahe vollkommene Unerreichbarkeit der Jouissance für das Subjekt wiederum hat ihren Grund darin, dass sie nicht einfach die Befriedigung eines *Bedürfnisses*, sondern die Befriedigung eines *Triebes* (im Sinne Lacans) ist:

> Problème de la jouissance, en tant qu'elle se présente comme enfouie dans un champ central, avec des caractères d'inaccessibilité, d'obscurité et d'opacité, dans un champ cerné d'une barrière qui en rend l'accès au sujet plus que difficile, inaccessible peut-être pour autant que la jouissance se présente non purement et simplement comme la satisfaction d'un besoin, mais comme la satisfaction d'une pulsion.[21]

Die schöne Seele ist, wie sie mit bemerkenswerter Unmissverständlichkeit von sich selbst sagt, gerade Trieb – anarchischer oder anarchistischer Trieb jenseits von Gebot und Gesetz: „Ich erinnere mich kaum eines Gebotes; nichts erscheint mir in Gestalt eines Gesetzes; es ist ein Trieb, der mich leitet und mich immer recht führt". (420). Mit dieser Selbsteinschätzung hat die schöne Seele vollkommen Recht. Unfehlbar geführt und untrüglich geleitet von einem niemals aussetzenden Trieb – also gerade als das *Gegenteil* von jener Eigenschaft, die da 'triebgesteuert' heißt – ist sie jenseits des Gesetzes, denn das Symbolische ist identisch mit dem Gesetz. Da sie buchstäblich als *outlaw* jenseits des Gesetzes steht, ist sie für die Turmgesellschaft, die in ihr zu Recht eine Bedrohung erkennt, erklärtermaßen „gefährlich" (419).

So sagt es, in nicht minder deutlichen und ihres Status und ihrer Wirkung bewussten Worten, die schöne Seele selbst. Sie weiß sehr wohl um das Risiko, das von ihr ausgeht oder das sie ist. Die schöne Seele verfügt über jene latente oder manifeste Kraft, die die Instanz des Symbolischen in ihrer Existenz und Substanz bedroht. Da der Trieb topologisch mit dem Realen verbunden ist, muss er im Symbolischen verdrängt werden. Paradoxerweise aber wird das Reale nicht trotz, sondern gerade wegen dieser Verdrängung im Symbolischen erkennbar. Denn die Verdrängung und die Rückkehr des Verdrängten sind streng identisch. Sie sind nicht nur in örtlicher, sondern auch in zeitlicher Hinsicht absolut gleich: Der Vorgang der Verdrängung zeigt sowohl am selben Ort als auch zur selben Zeit die Verdrängung und die Wiederkehr des Verdrängten.

Außer der schönen Seele gibt es noch zwei weitere Figuren in Goethes Roman, die im Realen situiert sind: Mignon und den Harfner. Das harmonische Schluss-Bild des geschlossenen Symbolischen am Ende von Goethes Roman verdankt sich einem Ausschluss des Realen, der im Text, außer in der schönen Seele, auch in den Schicksalen Mignons und des Harfners *als Ausschluss* lesbar bleibt. Die Genese dieses Ausschlusses ist als ein Akt der Marginalisierung und der Exklusion zweier Nebenfiguren aus dem Symbolischen konserviert, die durch die Er-

---

21 Jacques Lacan: *L'éthique de la psychanalyse*. Paris 1986. S.247f.

fahrung des Traumas im Realen bleiben und zuletzt zu Tode kommen. Mignon und der Harfner sind im Text lesbar gebliebene Spuren der Exklusion.

Anders als Wilhelm, der vom Subjekt zur Subjektivierung fortschreitet, sind Mignon und der Harfner keine Subjekte, die das Stadium der Subjektivierung erreichen. Sie sind aber nicht Subjekte, die an der Subjektivierung *scheitern*, sondern sie *verweigern* die Subjektivierung. Sie sind nicht Subjekte *ohne* Subjektivierung, sondern Subjekte *gegen* Subjektivierung. Es ist kein Zufall, dass alle Versuche des Symbolischen, Mignon und den Harfner durch ein System strenger Disziplinierung zu subjektivieren, versagen.

An Mignon scheitert nicht nur der Versuch ihrer Disziplinierung, sondern auch Althussers Mechanismus der Interpellation:

> *[T]oute idéologie interpelle les individus concrets en sujets concrets*, par le fonctionnement de la catégorie de sujet.
>
> [...] Si nous supposons que la scène théorique imaginée se passe dans la rue, l'individu interpellé se retourne. Par cette simple conversion physique de 180 degrés, il devient *sujet*. Pourquoi? Parce qu'il a reconnu que l'interpellation s'adressait ´bien´ à lui, et que ´c´était *bien lui* qui était interpellé´ (et pas un autre). L'expérience montre que les télécommunications pratiques de l'interpellation sont telles, que l'interpellation ne rate pratiquement jamais son homme: appel verbal, ou coup de sifflet, l'interpellé reconnaît toujours que c´était bien lui qu´on interpellait.[22]

Mignon entspricht nicht nur nicht dem Subjekt in Althussers Szenario, sondern sie widerspricht ihm. Ihr Widerstand gegen die Subjektivierung bedeutet, dass sie sich nicht mit dem Ich-Ideal identifiziert. Auf Wilhelms Frage „Wie nennst du dich?" antwortet sie nicht etwa ´Ich heiße Mignon´, sondern „Sie heißen mich Mignon" (98). Zwischen diesen beiden Antwort-Möglichkeiten – der konventionellen, erwartbaren, aber gerade nicht gegebenen Antwort ´ich heiße Mignon´ und der tatsächlichen, aber distanzierten und befremdlichen Antwort „Sie heißen mich Mignon" – klafft eine tiefe Lücke, ein nicht zu überbrückender Abgrund. Mignon zeigt sich in ihrer auffällig distanzierten Formulierung, die (wie in der Unterscheidung von Gebrauch und Verwendung oder Referat und Aneignung) die Rede der anderen nur zitiert und sie *als Zitat kenntlich macht*, als von jenem Anderen interpelliert, den sie in ihrer Antwort mit einem distanzierenden und distanzierten „Sie" bezeichnet. Sie wird Mignon ge- oder benannt, man nennt sie Mignon, aber sie kann sich selbst nicht Mignon nennen oder heißen. Sie vermag ihren sogenannten Eigen-Namen zu referieren und zu zitieren, sie vermag ihn auch als jenen Namen zu erkennen, mit dem die anderen sich auf sie beziehen, aber sie vermag ihn nicht zu übernehmen und sich anzueignen. Der sogenannte Eigenname bleibt ein Fremdname.

Diese Kluft zwischen Benannt-Werden und Eigen-Name, zwischen „Sie" und ´ich´, bildet exakt den übersehenen oder übersprungenen Punkt in Althussers Interpellations-Theorie. Der Riss, den Mignons distanzierend-distanziertes Zitieren des Diskurses des Anderen öffnet, macht die eklatante Differenz zwischen dem *beim* Anruf und *durch den* Anruf entstehenden Subjekt und der Subjektivierung sichtbar. In Althussers Subjekt- und Interpellationstheorie, die den Ursprung des Subjekts in seiner Anrufung durch die (bezeichnenderweise durch einen Polizisten repräsentierte) Institution findet, werden Mignons mögliche und ihre tatsächlich gegebene Antwort unmittelbar ersetzt und gleichgesetzt, substituiert und identifiziert – und schließlich internalisiert. Es gilt aber, wie Žižek in *Enjoy Your Symptom* mit aller

---

22 Louis Althusser: „*Idéologie et appareils idéologiques d'État*". In: *Sur la reproduction*. Paris 1995. S.305.

Deutlichkeit ausführt, Subjekt und Subjektivierung nicht nur zu *unterscheiden*, sondern *einander entgegenzusetzen* und letztere als eine *Abwehr gegen ersteres* zu erkennen:

> The crucial point is to conceive the relationship between subject and subjectivization as an *antagonistic* one. By means of 'subjectivization,' the subject (presup)poses the existence of a symbolic network which enables him to experience the universe as a meaningful totality, as well as to locate his place in it, i.e., to identify himself with a place in the symbolic space. [...] The counterpoint to this process of subjectivization, the encounter of the real in its senselessness, however, is not a 'process without the subject,' but the *subject itself*: what the subjectivization renders invisible is *die Versagung*, its void – subjectivization is a way to elude the void which 'is' the subject, it is ultimately a defense mechanism against the subject.[23]

In Mignon ist dieser Abwehrmechanismus der Subjektivierung gegen das Subjekt nicht wirksam. Sie, in deren Antwort sich das Bewusst-Sein einer Differenz (oder eines Antagonismus) des von Althusser Gleichgesetzten (bzw. nicht einmal Unterschiedenen) manifestiert, befindet sich im Gegensatz zu Althussers Äquivokation exakt an der Stelle einer unendlichen Verzögerung zwischen ihrer tatsächlichen Antwort „Sie heißen mich Mignon" und ihrer verworfenen Antwort 'Ich heiße Mignon'. Mignon ist damit im strengen Sinne Lacans ein reines Subjekt. Sie ist, in anderen Worten, eine Frau.

In diesem, nämlich dem lacanschen, Sinn ist auch der Harfner eine Frau. Auch er (oder sie) lehnt das Eingeschriebenwerden ins Symbolische, die Vervollkommnung der Subjektivierung durch Internalisierung des Anrufs des Anderen ab: Der Harfner ist – wie es Goethes Wortlaut in bemerkenswerter Unzweideutigkeit zum Ausdruck bringt – ein „hohles leeres Ich, das ihm als ein unermeßlicher Abgrund erschien" (436). Diese bewunderungswürdige Charakterisierung des Harfners erfüllt vollkommen die Definition des reinen Subjekts, das die Subjektivierung ablehnt: Es ist ein Abgrund, der unermesslich ist.

Dies aber ist gerade die Definition des Subjekts bei Lacan. Das Subjekt *ist* die Leere im Symbolischen. Was die Subjektivierung verbirgt, ist (wie es auch die zitierten Ausführungen Žižeks unmissverständlich formulieren) genau dieser Mangel. Gerade dieser Mangel aber *ist* das Subjekt. Wenn es ein Subjekt gibt, liegt darin der klarste Beweis, dass die Subjektivierung des Subjekts vom Subjekt gegen die Subjektivierung sabotiert worden ist. Das Subjekt bei Althusser ist demnach nicht das Subjekt bei Lacan. Bei beiden Subjekt-Konzeptionen ist eine Einklammerung hinzuzudenken: Althussers Subjekt ist immer schon das Subjekt (nach der Subjektivierung), Lacans Subjekt hingegen ist das Subjekt (gegen die Subjektivierung). Es ist, wie Žižek klarstellt, nicht etwa das Resultat einer gelungenen, sondern einer gescheiterten Interpellation:

> In short, far from emerging as the outcome of interpellation, the subject emerges only when and in so far as interpellation liminally *fails*. Not only does the subject never fully recognize itself in the interpellative call: its resistance to interpellation (to the symbolic identity provided by interpellation) *is* the subject.[24]

In diesem Widerstand gegen die Subjektivierung aber ist Lacans Subjekt ein *ethisches Subjekt*. Denn die Identifizierung des Subjekts mit dem Ich-Ideal verbirgt die Unvollkommenheit

---

23 Slavoj Žižek: *Enjoy Your Symptom*. New York/London 2008. S.213.
24 Judith Butler, Ernesto Laclau u. Slavoj Žižek: *Contingency, Hegemony, Universality*. London/New York 2000. S.115.

des Symbolischen, während die Verweigerung dieser Identifizierung die Unvollständigkeit des Symbolischen enthüllt. Diese Bloßstellung von dessen Mangel, die die Grimasse des Symbolischen hervortreten lässt, ist nach Lacan das Reale.

Beide, Mignon und der Harfner, stellen aufgrund ihrer Zugehörigkeit zum Realen Bedrohungen des Symbolischen dar. Als traumatisierte Subjekte behaupten sie ihre Position des Realen als den Wahnsinn im Symbolischen. In der Lücke des Symbolischen leisten sie durch ihre pure Existenz Widerstand gegen das Symbolische: Sie verkörpern Sein als Widerstand, Existenz als Resistenz. Die topologische Situierung der beiden Figuren ist auch der Grund, weshalb es sich verbietet, sie einfach als Psychopathen zu bezeichnen – es ist (abgesehen vom nackten Zynismus dieser Klassifizierung) nicht nur aus ethischen, sondern auch aus *kategorialen* Gründen einfach unzulässig und schlichtweg falsch, das traumatisierte Subjekt mit einem geisteskranken Subjekt gleichzusetzen. Denn beim Psychopathen ist das Symbolische immer schon, von Anfang an *verworfen* (in dem strengen Sinn, dem die psychoanalytische Theorie diesem Ausdruck gibt). Das Symbolische hat aufgrund dieser Verwerfung für ihn keinerlei Bedeutung. Im Gegensatz dazu *leidet* das traumatisierte Subjekt unter dem Symbolischen. Ohne die Voraussetzung des Symbolischen ist die Kennzeichnung der Verfasstheit dieses Subjekts aus prinzipiellen Gründen unmöglich.

In allen Zeichen und Gesten ihrer Existenz manifestieren Mignon und der Harfner den Mangel des Symbolischen. Ihre Zugehörigkeit zum Realen ist der Grund, weshalb Wilhelm, der während der Phase seines Verbleibens im Imaginären diese Zugehörigkeit nicht hatte erkennen können, nach der Begegnung mit der Turmgesellschaft plötzlich die Instanzen Mignons und des Harfners, die traumatisiert im Realen verbleiben, verdrängt. Ihre Zugehörigkeit zum Realen macht sie zu externen Botschaften, die vom Mangel des Symbolischen künden und ihn öffentlich und leibhaftig manifestieren.

Diese Manifestation oder Demonstration, dieses Publikmachen oder Veröffentlichen des Mangels des Symbolischen ist auch der Grund, weshalb die Turmgesellschaft das Begräbnis Mignons mit äußerster Sorgfalt plant und durchführt: Die Tode dieser beiden Figuren, die in und mit ihrem Leben den Widerstand gegen das Symbolische und gegen die Subjektivierung inkarniert hatten, erschöpfen sich nicht einfach im Status banaler oder tragischer Zufallsereignisse innerhalb der Sphäre des Symbolischen. Mignon und der Harfner sind bedrohliche Botschaften über ihren körperlichen Tod hinaus: Noch jenseits der ihnen zugemessenen Lebenszeit, während der sie den körpergewordenen Widerstand gegen die Subjektivierung und gegen das Symbolische inkarnieren, sind sie eine Gefahr für das Symbolische. Mit dieser postmortalen (Be-)Drohung stellen sie sozusagen den Beleg für Lacans Statuierung von zwei Toden dar – jenem ersten Tod, der die Beendigung des Lebensweges bezeichnet, und jenem zweiten, der die endgültige Einschreibung des Verstorbenen im Symbolischen darstellt:

> [I]l [L'entre-deux-morts] ne veut rien dire d'autre que ceci, qu'il n'y a pas pour l'homme coïncidence des deux frontières se rapportant à cette mort.
> La première frontière, qu'elle soit liée ou à une échéance foncière que l'on appelle de vieillesse, de vieillissement, de dégradation, ou à un accident qui rompt le fil de la vie, la première frontière est celle où en effet la vie s'achève et se dénoue. Eh bien, il est évident, et depuis toujours, que la situation de l'homme s'inscrit en ceci, que cette frontière ne se confond pas avec celle de la seconde mort, que l'on peut définir sous sa formule la plus générale en disant que l'homme aspire à s'y anéantir pour

s'y inscrire dans les termes de l'être. La contradiction cachée, la petite goutte à boire, c'est que l'homme aspire à se détruire en ceci même qu'il s'éternise.[25]

Die Absicht der peinlich genauen Sorgfalt beim Vollzug der Begräbniszeremonie besteht in diesem Licht betrachtet darin, zu vermeiden, dass das traumatisierte Subjekt, das zeit seines Lebens die Unvollkommenheit des Symbolischen verkörpert und veröffentlicht hatte, gewissermaßen in Fortsetzung seines irdischen Widerstandes nach seinem Tod in der Gestalt oder Nicht-Gestalt eines Gespenstes im Zwischenraum zwischen symbolischem und körperlichem Tod spukt und in dieser Wiederkehr und Wiedergängerei nicht ins Symbolische einkehrt. Die von der Turmgesellschaft durchgeführte Begräbnisfeierlichkeit ist ein Ritual, um vorträglich die gefährliche Rückkehr des Verdrängten zu verhindern: eine (aus dem Reich der Lebenden in das der Toten hinüberreichende) Zeremonie prophylaktischer (oder apotropäischer) Unheilsverhütung.

In der Gefahr einer postmortalen Fortsetzung ihrer Resistenz also liegt der Grund, weshalb die Turmgesellschaft die Begräbnisfeierlichkeit für Mignon in minutiöser Zeremonialität durchführt. Das Begräbnis als Zeremonie und Ritual ist die reinste symbolische Form. Durch die Beerdigung wird die verstorbene Person dem Symbolischen eingeschrieben: Der Sarg für die Opfer der Moderne wird hermetisch versiegelt. Für den Fortbestand des Symbolischen – und damit der Gattung des Bildungsromans – bedeutet diese Abdichtung nichts Geringeres als die Möglichkeitsbedingung ihrer Weiterexistenz und Fortschreibung: Das Symbolische und der Bildungsroman können weitergehen, wenn und sofern die Rückflutung der Toten unterbunden wird.

Im Symbolischen und für das Symbolische sind Mignon und der Harfner immer schon gestorben – zu Lebzeiten wie nach ihrem Tod. Das bedeutet nicht, dass sie buchstäblich körperlich immer schon gestorben sind oder niemals gelebt haben, sondern dass sie vom Symbolischen schon zu Lebzeiten als gestorben erachtet werden. Obwohl sie körperlich noch am Leben sind, können sie nicht der Sphäre des Symbolischen angehören und sind insofern für sie tot. Mignon und der Harfner sind symbolisch immer schon gestorben: tot zu Lebzeiten. Weniger streng (und weniger tendenziös) aus der Optik des Symbolischen betrachtet, ist ihre Existenz ein gerade nicht abstürzender, sich mit knapper Not aufrecht erhaltender, an der Grenze des Abgrunds aufgeführter Seiltanz über dem Symbolischen.

Nur als Gestorbene, also nach ihrem physischen Tod können sie als Gestorbene im Symbolischen eingeschrieben werden. Der Moment, in dem das Symbolische ihnen ihren Status zuweist, liegt erst nach ihrem körperlichen Tod. Zu Lebzeiten war ihre Existenz lebendiger Widerstand gegen das Symbolische gewesen, nach ihrem Tod sind sie eine Bedrohung des Symbolischen. Das Symbolische ist grundsätzlich einer fundamentalen, seine Grundfesten angreifenden Bedrohung ausgesetzt, wenn Gestorbene ins Symbolische zurückkehren. In der Gattung des Bildungsromans, deren Existenz sich einer in Mignon und dem Harfner sicht- und lesbaren Ausschließung oder Verdrängung verdankt, können Figuren wie sie nur als Tote in den Text eingeschrieben werden. Für den großen Anderen, der von kleinen anderen wie den Mitgliedern der Turmgesellschaft mediiert wird, sind sie immer schon tot. Außer der nachträglichen Einschreibung existiert keine andere Möglichkeit, sie zu inkorporieren – und das heißt sie zu verdrängen.

So werden Mignon und der Harfner nach ihrem Verschwinden als Verstorbene betrachtet. In dem Augenblick, in dem sie ihren Status erfahren könnten, werden sie als Gestorbene angesehen. Sie dürfen nicht im Zwischenraum des Todes – nämlich im Zwischenraum zwischen körperlichem und symbolischem Tod – umherwandeln. Zu ihren Lebzeiten sind sie,

---

25 Jacques Lacan: *Le transfert*. Paris 2001. S.122.

obwohl sie körperlich noch nicht gestorben sind, infolge der Annahme, dass sie körperlich gestorben sind, symbolisch gestorben. Bevor der Andere erfährt, dass sie körperlich nicht gestorben sind, aber sterben sie buchstäblich körperlich: ein Tod vor dem Tod. Nach ihrem körperlichen Sterben sterben sie nochmals symbolisch. Der Tod und das Leben Mignons und des Harfners sind immer schon symbolisch erledigt. Das bedeutet nicht, dass sie lebendige Tote sind: also körperlich nicht gestorben, aber symbolisch tot. Die Voraussetzung für den Zustand des lebendigen Totseins ist, dass ihr körperliches Leben oder aber ihr symbolisches Leben vom Symbolischen anerkannt bzw. eingeschrieben ist. Nicht nur das lebendig tote Subjekt, sondern auch der Andere muss wissen, dass sie körperlich noch nicht gestorben sind oder aber dass sie symbolisch bereits gestorben sind.

Um die für das Symbolische zerstörerische Kraft des lebendigen Todes als Todestrieb vorträglich zu verhüten, gestaltet Goethe seinen Text in der Weise, dass der Andere von der Existenz des lebendigen Totseins nicht erfährt. Nach ihrem Verschwinden existieren Mignon und der Harfner zwar noch, aber sie werden vom Anderen, nämlich von der Turmgesellschaft, nicht als Verschwundene behandelt: sie sind für ihn nicht die, die sie eigentlich sind. Gerade wegen dieser Unwissenheit des Anderen identifizieren sie sich nicht mit ihrem vor dem symbolischen Tod bestehenden Ich. Wenn der Andere endlich erfährt, wer sie eigentlich sind, sind sie bereits körperlich gestorben. Im Bewusstsein des Anderen sind sie folglich *immer schon gestorben.*

Im Bewusstsein des Anderen gibt es keinen einzigen Zwischenraum, in dem sie im Zustand lebendigen Totseins existieren. Mignon und der Harfner situieren sich zwischen Unwissenheit und Wissen des Anderen. Da und dadurch dass der Andere ihren Status des Am-Leben-Seins nicht erkennt, kann das reine, makellose Erscheinungsbild des Anderen aufrechterhalten werden. Da der Andere ihren Status des Totseins erst nachträglich erkennt, wird die reine, weiße Unschuld des Anderen aufrechterhalten. Verkennen und Nachträglichkeit sichern die Reinheit und Unschuld des Anderen. Im ersten Fall (Nichtwissen des Anderen um das am-Leben-Sein) ist das Leben Mignons und des Harfners kein Anlass für ein Schuldgefühl des Anderen. Im zweiten Fall (Wissen des Anderen um ihr Tot-Sein) ist ihr Tod kein Anlass für ein Schuldgefühl des Anderen. In beiden Fällen also bleibt der Andere vollkommen unschuldig. Die Unschuld ist immer zweifellos.

Konzeption und Struktur von Goethes Roman manifestieren seine Absicht, eine Konfrontation von Mignon und dem Harfner mit dem Anderen in lebendigem Zustand, d.h. im Zustand lebendigen Todes, zu vermeiden. Um diese fatale Konfrontation, diese infektiöse Kontamination zu vermeiden, die die Katastrophe der Zerstörung des Symbolischen nach sich zöge, sterben Mignon und der Harfner unmittelbar vor dem Zeitpunkt, an dem der Andere weiß, wer sie eigentlich sind. Dank Goethes Schutz für den Anderen wird dessen Zusammenbruch verhindert. Mignon und der Harfner sind wieder einmal symbolisch gestorben. Sie haben keine andere Wahl, als im Symbolischen zu verschwinden.

Mit diesem unvermeidlichen Abgang aber bilden Mignon und der Harfner Beispiele für Žižeks Konzept und Begriff des zu verdrängenden *verschwindenden Vermittlers*, der zwischen dem prä-modernen und dem modernen Subjekt mediiert, aber von der offiziellen Geschichtsschreibung des Übergangs von der Prä-Moderne zur Moderne unterdrückt wird:

> This paradoxical constellation belies the 'official' story of the genesis of subjectivity, which runs as follows: the traditional individual is embedded in the framework of Destiny, his place is preordained by the power of Tradition, and his tragedy resides in the obligation to repay the debt he contracted with no active participation on his part, but by his mere place of inscription in the network of family relations – he is guilty

> because of what he is (in his symbolic place), not because of what he effectively did or desired. The modern subject, on the contrary, gets rid of this burden of Tradition, he asserts himself as a self-responsible and autonomous master of his fate; Tradition counts for him only in so far as it has been tested by the independent tribunal of Reason. The conjecture of Hegel, Marx and Lacan, however, is that the passage from the pre-modern individual embedded in the framework of Tradition to the modern autonomous subject cannot occur directly – there is something in between the two, a kind of 'vanishing mediator' – and in order to designate the gesture of horrifying, senseless renunciation which plays the role of this vanishing mediator' – which accounts for the repressed 'genesis of modernity' - Lacan resorts to the Freudian concept of *Versagung*.[26]

Mit scharfem Blick kennzeichnet Žižek den abgrundtiefen Bruch, der zwischen dem traditionsgebundenen Individuum der Vormoderne und dem autonomen Subjekt der Moderne liegt. Es handelt sich dabei genau um jenen Bruch, der von Althussers Subjekttheorie übersehen und übersprungen worden ist, aber von Lacan inseriert bzw. restituiert wird. Dieser Bruch markiert die Stelle zwischen Subjekt und Subjektivierung. Im Dienste des Erfolgs der Subjektivierung muss der verschwindende Vermittler buchstäblich verdrängt werden. Ohne diese Verdrängung kann das Ziel des Bildungsromans, nämlich die Identifizierung des Subjekts mit dem Ich-Ideal im Symbolischen, nicht erreicht werden.

Am Ende des Romans verschwinden Mignon und der Harfner als verschwindende Vermittler. Die Tode Mignons und des Harfners (die zu verschweigen das Verschweigen der offiziellen Geschichtsschreibung des modernen Subjekts wiederholen würde) beenden den ersten Kanon.

---

26 Slavoj Žižek: *The Indivisible Remainder*. London/New York 2007. S.114f.

II. Canon 2: Kellers *Der grüne Heinrich*

Heinrich ist ein Wiederauferstandener. Er kommt allerdings nicht aus Nazareth. Er braucht für seine Wiederkunft auch nicht drei Tage, sondern ein Vierteljahrhundert. Er stirbt im Jahr 1855 und wird 1879/80 wiedergeboren. Da Keller nicht zu den Nachfolgern der Romantik gehört, erweckt er Heinrich nicht, um ihn als Untoten durch die Nächte zu treiben. Sein Protagonist ist kein Zombie: Heinrich ist richtig gestorben und anschließend richtig auferstanden. Sobald Keller den toten Heinrich der Erstfassung aus dem Grab geholt hat, setzt er ihn an den Schreibtisch, damit er selbst den Roman seiner eigenen Bildung verfasse.

Vor der und für die Niederschrift des Bildungsromans erfolgt eine gegenüber der Erstfassung um zehn Tage verlängerte Goethe-Lektüre. Die höchst bedeutsame und folgenreiche Begegnung Heinrichs mit Goethe währt „vierzig Tage lang"[27]. In diesem Zeitraum liest er „Goethes sämtliche Werke" (II, 11). Die Zeitangabe für Heinrichs Lektürearbeit ist kein Zufall, keine Willkür und kein bloßer Realismus. In der Erstfassung des Romans hatte Heinrich sein Pensum in 30 Tagen bewältigt. Diese Differenz bedeutet nicht, dass sich der Werk- oder der Publikationsumfang von Goethes sämtlichen Werken in der Zwischenzeit erhöht hätte oder dass der Heinrich der späteren Fassung, älter geworden, genauer oder einfach nur langsamer liest. Die Zahl 40 ist mehrfach allegorisch codiert, während 30 Tage nichts weiter als eine quantifizierende Zeitangabe darstellen.

In der Bibel (und zwar im Alten wie im Neuen Testament) steht die wiederholt und in verschiedenen Zusammenhängen auftretende symbolische Zahl 40 im Zusammenhang mit Situationen der *Erwartung*, der *Prüfung*, der *Entscheidung* und der *Vorbereitung*: 40 Tage währt die Zeit der *Erwartung*, ehe Moses die Gesetzestafeln mit der schriftlichen Version der 10 Gebote auf dem Berg Sinai empfängt; 40 Tage lang zieht sich die *Prüfung* Jesu durch die Herausforderung des Teufels in der Wüste hin; 40 Tage beträgt die Zeit der *Entscheidung* zwischen Auferstehung und Himmelfahrt Jesu; 40 Tage lang schließlich währt der Dauer-Regen vor der *Vorbereitung* der neuen Welt in der Geschichte von der Sintflut und der Arche Noah.

In Kellers Roman lässt sich Heinrichs 40-tägige Klausur mit Goethes sämtlichen Werken mit Mose Empfang der Gesetzestafeln parallelisieren: Ebenso wie bei der hinter einem Schleier von Wolken stattfindenden Begegnung zwischen Moses und seinem Gott auf dem Berg Sinai der Wortlaut des Gesprächs zwischen den Beteiligten im biblischen Text ausgespart ist, ist auch bei Heinrichs von Schneemauern umgebener Begegnung mit Goethe in seinem Studierzimmer die Beschreibung der konkreten Wirkung der gelesenen Texte ausgelassen. Moses erfährt auf dem Sinai von Gott die 10 Gebote des Alten Testaments, Heinrich erfährt in seinem Zimmer von Goethe die ersten zehn oder Ur-Kanon des Bildungsromans. Was Heinrich in seiner Klause und Klausur in Empfang nimmt, sind Goethes Kanon-Noten, in denen das Thema vom ´Anderen dem Großen´ erklingt. Der geschichtlich wie auch literaturgeschichtlich in der Mitte der Zeit der Moderne stehende Heinrich startet nunmehr, initiiert und inauguriert durch die quasi-mosaische goethesche Gesetzes-Stiftung, seinen Bildungsweg. Es beginnt der zweite Kanon.

Kellers Roman hebt mit einem Lobgesang an. Das erste Kapitel, das den Titel „Lob des Herkommens" trägt, veranschaulicht in Gestalt einer Laudatio Heinrichs Stolz auf seinen Vater –

---

27 Gottfried Keller: *Der grüne Heinrich*. In: Ders.: *Sämtliche Werke*. Historisch-Kritische Ausgabe. Zürich 2006. Bd. II, S.11. (Im Folgenden werden Zitate nach dieser Ausgabe mit römischer Band- und arabischer Seitenangabe im fortlaufenden Text belegt.)

und das heißt (rein chronologisch zunächst, aber rasch auch in übertragener Bedeutung) auf die Goethezeit. Der Protagonist des Romans wird durch diesen Vergangenheitsbezug einerseits entlang einer genealogischen Linie der Blutsverwandtschaft, andererseits aber auch (und mit zunehmender Gewichtung) entlang einer literarischen Tradition der Textverwandtschaft eingeführt: Heinrich ist Wilhelms Sohn. Seine biographische Sehnsucht nach seinem allzu früh verstorbenen leiblichen Vater ist gerade die metaphorische Sehnsucht nach der allzu früh dahingegangenen Goethezeit.

Zwischen den Vaterbeziehungen Wilhelms und Heinrichs besteht ein gravierender Unterschied. Streng genommen hat Wilhelm keinen Vater. Das bedeutet selbstverständlich nicht, dass er Halbwaise wäre, sondern dass die Existenz seines Vaters keinerlei Wirkung auf den Gang seines Lebens ausübt. Wilhelms biologischer Vater ist unbrauchbar. Wilhelm ist in einem übertragenen Sinn vater- und präzedenzlos, er ist in seiner Vorgängerlosigkeit das erste moderne Subjekt und der erste Protagonist der Gattung Bildungsroman. Goethes Text ist in seiner Eigenschaft als Muster und Stiftung dieses Genres der erste oder Ur-Kanon des *Literarischen Opfers*.

Heinrich hingegen, der Halbwaise, dem nach dem frühen Tod seines Vaters nur noch seine Mutter geblieben ist, hat im Gegensatz zum präzedenzlosen Wilhelm einen Vater. Das wiederum bedeutet nicht, dass sein Vater sein Erzeuger, sein biologischer Vater ist. In der Psychoanalyse meint der Vater nicht den biologischen Vater. Die Rolle des Vaters kann zum Beispiel von der Mutter, einer beliebigen dritten Person beliebigen Geschlechts oder auch von einem Gremium oder Kollektiv, einer Instanz oder einer Institution übernommen werden. Die Übernahme der Eltern-Rolle durch den leiblichen Vater und die leibliche Mutter ist keine Notwendigkeit, sondern nur eine Möglichkeit – Blut ist kein Schicksal.

Die Abwesenheit, das Unbekanntsein oder der Tod des leiblichen Vaters bedingt im Psychismus des verwaisten männlichen Nachkommen nicht jene Fatalität, dass der Sohn den Ödipus-Komplex niemals überwinden kann und für ewig in ihm fixiert bleiben muss. In Kellers Roman internalisiert Heinrich in einer Selbstanrede und Selbstermahnung die Rolle des Vaters: „[I]n der Tiefe meiner Seele still zu bedenken: Wie würde Er nun an deiner Stelle handeln oder was würde Er von deinem Thun urteilen, wenn er lebte" (I, 29). Körperlicher Vater und symbolischer Vater sind nicht identisch. Nach der Theorie Lacans ist der Vater immer schon der symbolische Vater:

> Avant qu'il y ait le Nom-du-Père, il n'y avait pas de père, il y avait toutes sortes d'autres choses. Si Freud a écrit *Totem et Tabou*, c'est qu'il pensait entrevoir ce qu'il y avait, mais assurément, avant que le terme de père ne se soit institué dans un certain registre, historiquement il n'y avait pas de père. [28]

Vor der Entstehung des symbolischen Vaters gibt es nicht einen 'wirklichen' Vater, sondern überhaupt keinen Vater. Der in Freuds Aufsatz *Totem und Tabu* beschriebene Urvater ist eigentlich kein Vater, denn hier existiert keinerlei Beziehung zwischen Vater und Sohn, welche den Relationsbegriffen 'Vater' und 'Sohn' allererst eine Bedeutung zuweisen würde. Erst nach der Konstituierung des Symbolischen, die Relationen überhaupt erst eröffnet, werden ein Bezug und eine Beziehung zwischen Vater und Sohn überhaupt möglich.

Wie Heinrichs biologischer Vater (oder Erzeuger) kein Vater im Sinne Lacans ist, ist auch seine biologische Mutter keine Mutter im Sinne Lacans. Wie streng genommen für Wilhelm auch seine Mutter keinerlei Bedeutung hat, spielt auch für Heinrich dessen Mutter keine (Mutter-)Rolle im Spiegelstadium: Kellers Roman ist trotz der Abwesenheit des leiblichen

---

28 Jacques Lacan: *Les Psychoses*. Paris 1981. S.344.

Vaters kein Mutter-Sohn-Drama. Heinrichs Mutter ist auch kein Über-Ich in Lacans Sinn, das in Übernahme der Rolle des Vaters alles verbietet. Die Mutter-Sohn-Beziehung des Spiegelstadiums liegt auch und schon für das Kind Heinrich, mit dem der Roman beginnt, schon weit zurück in der Vergangenheit. Für den Protagonisten des Bildungsromans ist das ursprüngliche Spiegelstadium zwischen Mutter und Sohn immer schon vergangen.

Bevor Heinrich den Koffer für seinen Bildungsweg packt, ist noch ein Hindernis zu beseitigen: seine Schulpflicht. Die Räumung dieser Blockade des Bildungswegs vor der Möglichkeit seines Beginns erfolgt, handfest genug (und bekanntlich biographisch vermittelt), durch Heinrichs Relegation von der Schule. Schule steht nicht nur in einem Konflikt, sondern in einem Ausschließungsverhältnis mit Bildung. Schule und Bildung sind wie Wasser und Öl: unvereinbar. Die Schule externalisiert das Ziel der Erziehung, der Bildungsroman internalisiert das Ziel der Bildung. Die Schule (die in dieser Hinsicht ein vormodernes rousseauistisches Relikt ist) leugnet die Möglichkeit des Irrtums, der Bildungsroman betont die Notwendigkeit des Irrtums. Die Schule hält das Subjekt zur Verhinderung des Bildungswegs innerhalb ihrer Mauern fest, der Bildungsroman gibt das Subjekt zur Beschreitung des Bildungsweges außerhalb und jenseits der Schulmauern frei.

Es existiert daher nur eine einzige Möglichkeit für das Subjekt, sein Schulgefängnis zu überwinden (das in seiner Architektur dem vormodernen Wesen von Rousseaus Pädagogik der Barrikaden entspricht) und seinen Bildungsweg in Gang zu setzen: den Abgang (der in diesem Fall ein Hinauswurf ist). Vom Lehrerkollegium seiner Bildungsanstalt erhält Heinrich bei seiner Relegation zum Abschied sein Abgangs- oder Abschlusszeugnis: „nicht zu brauchen!" (I, 170) lautet das Urteil. Aufgrund dieser seiner amtlich attestierten, behördlich zertifizierten Unbrauchbarkeit ist Heinrich für den Bildungsweg brauchbar. Zwar springt er nicht aus eigener Entscheidung über die Schulmauern, aber sein Hinauswurf macht ihn für die Rolle des Protagonisten des Genres Bildungsroman geeignet. Die soziale Positionierung des Protagonisten dieser Gattung muss für den Beginn seines Bildungsweges notwendig außerhalb der Gesellschaft und ihrer institutionalisierten (Aus-)Bildungswege situiert werden: als ihr Überschuss oder Ausschuss, als ihr Rest oder Abfall. Nur und erst über einen langen Bildungs(um)weg kann er am guten Ende schließlich ins Symbolische eintreten. Dieser Eintritt setzt – logisch wie pragmatisch – die Außen(seiter)-Position voraus.

Wie für Goethes Wilhelm ist es selbstverständlich auch für Kellers Heinrich die *Kunst*, die als Eintrittskarte für den Bildungsweg fungiert (und darin neben der inneren Verwandtschaft der Bildungsroman-Tradition die Nachbarschaft der Genres des Künstler- und des Bildungsromans fortführt). Auch die Dimensionen, in denen Wilhelm als Schauspieler und Heinrich als Landschaftsmaler positioniert ist, sind (trotz der unterschiedlichen Kunst-Disziplinen) strukturell identisch: Es ist die Dimension des Imaginären. Wilhelms Theater bildet die genaue Entsprechung zu Heinrichs Malerei. Wie Wilhelm buchstäblich in den Raum der Bühne eintritt, so tritt Heinrich buchstäblich in den Raum seiner Gemälde ein:

> Ich erfand eigene Landschaften, worin ich alle poetischen Motive reichlich zusammenhäufte, und ging von diesen auf solche über, in denen ein einzelnes vorherrschte, zu welchem ich immer den gleichen Wanderer in Beziehung brachte, mit welchem ich halb bewußt mein eigenes Wesen ausdrückte. Denn nach dem immerwährenden Mißlingen meines Zusammentreffens mit der übrigen Welt hatte eine ungebührliche Selbstbeschauung und Eigenliebe angefangen, mich zu beschleichen; ich fühlte ein weichliches Mitleid mit mir selbst und liebte es, meine Person symbolisch in die interessanten Szenen zu versetzen, welche ich erfand. Diese Figur, in einem grünen, ro-

mantisch geschnittenen Kleide, eine Reisetasche auf dem Rücken, starrte in Abendröten und Regenbogen, ging auf Kirchhöfen oder im Walde, oder wandelte auch wohl in glückseligen Gärten voll Blumen und bunter Vögel. (I, 174)

Als Maler stellt sich Heinrich auf seinen Gemälden halbbiographisch und halbbewusst als Wanderer in der Natur dar. Er tritt (in narzisstisch selbstverliebter Selbstbespiegelung, die nachträglich von ihm selbst kritisiert und auf gescheiterte Objektbeziehungen zurückgeführt wird) in die immergleichen Wanderer-Figuren ein, die ihrerseits in die Natur eintreten. Anschließend wird er – sozusagen in einer umgekehrten Mimesis der Kunst durch die Wirklichkeit, die von der Kunst vor-geahmt wird – auf seinem Bildungsweg im wirklichen Leben zum Wanderer, der in die Natur eintritt.

Dadurch aber, dass er in seine Gemälde eintritt, wird er selbst zum Gemälde. Nach dem Abgang von der Schule, wo das Subjekt immer schon zur Einschreibung als subjektiviertes Subjekt gezwungen wird, kann Heinrich in der imaginierten Natur bleiben. Dort, in der Natur, malt er die Natur (selbstverständlich nach der Natur). Danach endlich kann er in das Gemälde der Natur eintreten. Durch diesen Eintritt in die Natur wird das Imaginäre konstituiert. Wie für Wilhelm der innere Raum der Bühne und der äußere Raum der Welt im Imaginären nicht geschieden sind, sind für Heinrich der innere Raum des Gemäldes und der äußere Raum der Natur im Imaginären ununterscheidbar. Innerer Raum und äußerer Raum treffen zusammen und verschmelzen.

Für Heinrich, der in den sozialen Welten der Familie und der Schule unter schmerzlichen Verlusterfahrungen leidet, ist die Natur vollkommene Harmonie ohne Spaltung, ein einheitliches, kohärentes (Gegen-)Bild ohne interne Brüche und ohne erkenntnistheoretische Differenz. Aber diese Eigenschaft einer Natur, die in scharfen Kontrast zur Menschenwelt gerückt wird, ist nichts weiter als ein Produkt jener Verkennung des Subjekts, welche ihrerseits aus der Position des Imaginären nicht erkannt werden kann. Zur Erkenntnis der Fragmentierung und Bruchstückhaftigkeit der Natur wird Heinrich erst geführt, als er seine von ihm selbst in Einzelteile zerschnittenen Naturgemälde wieder zusammensetzt: Bei dieser Re-Komposition ergibt sich zwar (bei richtiger Zusammensetzung der Fragmente) wieder ein vollständiges Bild, aber an den Naht-, Trenn- oder Verbindungsstellen der rekonfigurierten Leinwand zeigt sich eine Fuge bzw. ein Riss wie zwischen den Einzelteilen eines Mosaiks oder Puzzles: „Man läßt beim nächsten Schreiner leichte Blendrahmen von Tannenholz anfertigen, bespannt diese mit einem billigen Gewebe und leimt einfach die Blätter darauf, wie sie gewesen sind; es wird ein Netz von feinen Fugen sichtbar bleiben, das nichts schadet". (III, 159f.)

Mag das Fugennetz vielleicht auch, wie Heinrich meint, nicht schaden, so bleibt es doch sichtbar. Die Natur ist (trotz Heinrichs Verharmlosung der Bruch-Linien zu Fugen, die nicht schaden) nicht identisch mit ihrem Nachbau, ihrer Re-Konstruktion. Das bedeutet nicht, dass die Natur im Spiegel des Imaginären als zerschnittene repräsentiert ist, sondern dass die bruchlos vollkommen erscheinende Natur immer schon fragmentiert ist. Erst durch die Wiederherstellung seines zuvor zerschnittenen Gemäldes kann Heinrich die Fragmentierung der Natur – und damit seine Verkennung – erkennen. Zwischen Mosaikstück und Mosaikstück bzw. Puzzleteil und Puzzleteil gibt es eine Bruchlinie – es kann *per definitionem* kein bruchloses Puzzle geben. Bei einem Puzzle ist daher nicht die mimetische Rekonstruktion des Originalbildes wichtig, sondern die Zusammen-Setzung oder Kom-Position des Puzzles selbst nach seinen eigenen immanenten Herstellungs-Regeln. Nicht der Inhalt ist vorrangig, sondern die Form (wie sie im Vorgang der Komposition Gestalt annimmt). Bei Heinrichs Re-

Komposition ist nicht das Was des Inhalts sondern das Wie des Arrangements von vorrangiger Bedeutung. Wichtig ist nicht das Signifikat, sondern der Signifikant.

Die für die Natur in Heinrichs Gemälden charakteristische Spaltung gilt auch – über die früheren Brüche seines Lebens hinaus – für seine soziale Position als Künstler. Sie bleibt von Trennung und Abspaltung gekennzeichnet; die Fugen seiner Gemälde-Rekomposition bleiben auch im gesellschaftlichen Bereich sichtbar. Die Kunst als Zugangsmedium zum Bildungsweg führt sowohl Wilhelm als auch Heinrich nur in den Vorhof oder auf einen Nebenschauplatz der Adelswelt. Wie Wilhelm als Schauspieler bei seinem Besuch des Grafenschlosses nicht im neuen Schloss selbst einquartiert wird, das der Graf bewohnt, so wird Heinrich als Maler nur in einem Zimmer des „Gartenhauses, das in einiger Entfernung vom Wohngebäude stehen mochte" (III, 142) untergebracht. Diese beiden Orte symbolisieren im architektonischen Arrangement die gesellschaftliche Position des Protagonisten des Bildungsromans. Sowohl Wilhelm als auch Heinrich müssen erkennen, dass die Kunst nicht die geeignete Eintrittskarte ist und nur auf die niederen Ränge des Gesellschafts-Theaters führt. Das Billet der Kunst ist abermals nur eine Stehplatzkarte.

Die Folge(rung) aus dieser im Ergebnis enttäuschenden Erfahrung auf dem Feld der Kunst, die zwar einen Zugang zum Bildungsweg verschafft, der aber doch nur ein halber Zugang ist, liegt in der Preisgabe der Kunst durch den Protagonisten des Bildungsromans – bei Goethe wie bei Keller. Von entscheidender Wichtigkeit für die Konsequenz, die aus diesem desillusionierenden Erkenntnisvorgang gezogen wird, ist allerdings, dass die Preisgabe der Kunst *freiwillig* geschieht: die Form und der Rahmen einer tatsächlichen Wahlmöglichkeit, einer echten, realen Alternative müssen beibehalten werden. Das Aufgeben der Kunst darf nicht das zwangsläufige, unvermeidliche und schmerzvolle Ergebnis eines von außen aufgenötigten Ereignisses sein, das eine Künstler-Karriere verhindert, sondern es muss einer Entscheidung des Subjekts entspringen, die autonom ergeht und sich als Wahl zwischen zwei möglichen Optionen darstellt.

Selbstverständlich ist weder die von Wilhelm noch die von Heinrich getroffene Wahl in Wahrheit eine freie Entscheidung, aber dennoch (oder umso mehr) muss der Schein freier Entscheidung gewahrt bleiben – von vordringlicher Wichtigkeit ist das reine äußerliche und doch zugleich auch für den Wähler selbst gültige Erscheinungsbild. Genau nach Maßgabe dieses Prinzips verlangt es, unter Anspielung auf Äsops berühmte Fabel vom Fuchs und den Trauben (und nicht ohne das Vokabular der freien Wahl), der Graf von Heinrich:

> Sie müssen nicht so jämmerlich davonlaufen, sondern mit gutem Anstand von dem Handwerk Ihrer Jugend scheiden, daß keiner Ihnen ein schiefes Gesicht nachschneiden kann! Auch was wir aufgeben, müssen wir mit freier Wahl aufgeben, nicht wie der Fuchs die Trauben! (III, 164)

Diese Aussage besagt nicht, dass der Graf der Meinung ist, dass der Fuchs die Trauben verspeisen soll – er darf sie nicht fressen, aber er muss sich (und den anderen) beweisen, dass er sie fressen kann, wann immer er will. Wenn dagegen die reine, inhaltslose Form einer bestehenden Wahlmöglichkeit zerfällt, ist der Fuchs kein Fuchs mehr – das moderne Subjekt, heißt das, ist immer schon das freie Subjekt. Wenn es die Äußerlichkeit seiner Form verliert, verliert es seinen Subjektstatus. Bei der Gattung des Bildungsromans ist es daher von Anfang ausgeschlossen und unmöglich, dass der Protagonist als das moderne Subjekt die freie Wahl (oder ihren Schein) aufgibt. Zwar kann er die Trauben nicht essen, aber er muss *essen zu können scheinen*.

Die hier wirksame Logik (oder Paradoxie) der erzwungenen freiwilligen Wahl lässt sich mit Lacans Diagramm zur Geburt des modernen Subjekts illustrieren:

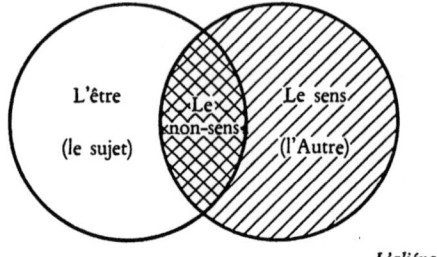

L'aliénation

Le *vel* de l'aliénation se définit d'un choix dont les propriétés dépendent de ceci, qu'il y a, dans la réunion, un élément qui comporte que, quel que soit le choix qui s'opère, il a pour conséquence un *ni l'un, ni l'autre*. Le choix n'y est donc que de savoir si l'on entend garder une des parties, l'autre disparaissant en tout cas.

Illustrons-le par ce qui nous intéresse, l'être du sujet, celui qui est là sous le sens. Nous choisissons l'être, le sujet disparaît, il nous échappe, il tombe dans le non-sens – nous choisissons le sens, et le sens ne subsiste qu'écorné de cette partie de non-sens qui est, à proprement parler, ce qui constitue, dans la réalisation du sujet, l'inconscient. En d'autres termes, il est de la nature de ce sens tel qu'il vient à émerger au champ de l'Autre, d'être dans une grande partie de son champ, éclipsé par la disparition de l'être, induite par la fonction même du signifiant. [29]

Das Diagramm aus Lacans Seminar XI *Les quatre concepts fondamentaux de la psychanalyse* zeigt den Prozess der Geburt des Subjekts durch das Andere und mithin die Entfremdung als das Wesen dieses Geburtsvorgangs. In dem Prozess der Entstehung des Subjekts treffen das Subjekt und das Andere zusammen. Durch die Situierung des Seins im linken Kreis und der Bedeutung im rechten veranschaulicht Lacan, dass für das Subjekt nur eine Wahlmöglichkeit existiert: die Bedeutung. Dadurch aber, dass das Subjekt die Bedeutung auswählt, verliert es sein Sein. Allerdings besteht an der Oberfläche für das Subjekt eine Wahlmöglichkeit. Die andere Option ist nicht verboten, sondern einfach ausgeschlossen. Diese Wahl ist für das Subjekt eigentlich keine Wahl, weil es durch eine andere Wahl sich selbst als Subjekt vernichtet. Solange es als Subjekt bestehen bleiben möchte, kann es immer nur *eines* auswählen (also nicht *wählen*). Die Geburt des modernen Subjekts ist der unvermeidliche Verlust seines Seins. Es ist als solches *per se* entfremdet. In diesem mit der Entfremdung identischen Subjekt-Sein liegt die bittere Wahrheit über die Geburt des Subjekts.

Diese Regel aus Lacans Diagramm gilt vollkommen analog für das Wahl-Verhalten des Protagonisten des Bildungsromans, in dem das moderne Subjekt seine `kanonische´ Gestalt findet. Lacans Optionen `Sein´ und `Bedeutung´ müssen nur durch `Kunst´ und `Gesellschaft´ ersetzt werden. Als Subjekt kann der Protagonist frei wählen – allerdings nur eine der Alternativen. Denn wenn er die Kunst – die andere Option – wählt, ist er kein Protagonist bzw. Subjekt mehr. Der Protagonist des Bildungsromans ist in seiner Freiheit immer schon gezwungen, von den beiden Alternativen `Kunst´ und `Gesellschaft´ die Gesellschaft zu wäh-

---

29 Jacques Lacan: *Les quatre concepts fondamentaux de la psychanalyse*. Paris 1973. S.235f.

len. Zwar kann der Protagonist des Bildungsromans die Kunst nicht auswählen, aber er muss die Kunst *wählen zu können scheinen.*

Die Notwendigkeit der Wahrung des Anscheins einer freien Wahl und der faktische Zwang, nur *eine* Wahl (also keine *Wahl*) zu haben, ist allerdings auf den Protagonisten des Bildungsromans und damit das moderne Subjekt beschränkt. Es besteht außerhalb dieser Beschränkung (die sich als außenlos zu präsentieren liebt) sehr wohl die Möglichkeit, die andere Option zu wählen – freilich um den Preis der Vernichtung des Subjekts selbst. Es ist das reine Subjekt (in der lacanschen Bedeutung dieses Terminus), das mit äußerster Ernsthaftigkeit die beiden gegebenen Alternativen erwägt – und sich gegen die ʻBedeutungʼ entscheidet, also gegen den Eintritt ins Symbolische. Es verwirft die Subjektivierung des Subjekts zugunsten des ʻSeinsʼ, das aber der Tod ist. Nur dieses Subjekt ist das freie Subjekt.

In diesem Sinne ist der Protagonist des Bildungsromans kein reines Subjekt. Selbstverständlich wählt Heinrich die Gesellschaft. Mit seiner Wahl (oder ʻWahlʼ) tritt Heinrich aus seinem Gemälde und aus den Spiegel(unge)n seiner imaginären Identifikationen heraus. Er wechselt vom Imaginären ins Symbolische über. Außerhalb des Gemäldes (oder Spiegel-Bildes) positioniert, erkennt er schließlich die Position des Anderen, den er innerhalb des Gemäldes notwendig, aus prinzipiellen Gründen nicht hatte erkennen können: Bei Gelegenheit der Ausstellung seiner Gemälde realisiert er dank der Unterstützung des Grafen, dass Wert und Geltung seiner Kunst von der Protektion seines adligen Sponsors und Impresarios abhängig sind: Heinrichs Gemälde sind nicht allein seine Gemälde, sondern auch die vom gräflichen Impresario protegierten und beschützten Gemälde.

Dank seinem „Beschützer" (III, 239) erhalten Heinrichs Bilder im Ausstellungsraum einen besseren Ort und werden in ein besseres Licht gerückt: dieselben Bilder sind nicht dieselben Bilder. Die bei der vorangegangenen, ohne die Unterstützung des Grafen veranstalteten Vernissage unverkäuflichen Bilder können nun, mit gräflicher Protektion, allesamt an den Mann gebracht werden. Die Hängung der Bilder, die sie buchstäblich in ein anderes, vorteilhafteres Licht rückt – und nicht etwa deren Malweise und Kunstfertigkeit –, entscheidet über die ästhetische Bewertung der Fachkritiker und über den kommerziellen Erfolg: wichtig ist nicht das Wie sondern das Wo der Bilder: nicht der Inhalt, sondern die Form – und das heißt abermals: nicht das Signifikat, sondern der Signifikant. Der Signifikant beherrscht den *Wert* der Kunst – den ästhetischen wie den pekuniären Wert.

Im Zuge seines Lernprozesses im Gefilde der (Mal-)Kunst, der ihn zuletzt aus ebendiesem Gefilde vertreibt, gelingt es Heinrich, aus der Sphäre des Imaginären in die des Symbolischen überzutreten. In jener Nachträglichkeit, die für diese Form des Erkennens konstitutiv ist, bemerkt er, dass er bisher im Imaginären verblieben war. Erst jetzt identifiziert Heinrich sich nicht mehr mit dem Ideal-Ich im Imaginären, sondern mit dem Ich-Ideal im Symbolischen. Sein Blick ist nunmehr der Blick des Anderen: *Er sieht, was er sieht, was der Andere sieht.* Wie Wilhelm vor ihm (und ebenfalls im Feld der Künste) hat auch Heinrich die Bitternis seines Irrtums bis zur Neige getrunken, den Kelch bis zum Bodensatz geleert. Der Fuchs verzehrt nicht buchstäblich die Trauben, sondern er verzehrt die Buchstaben der Trauben.

In allen Texten – und mithin auch im Bildungsroman – existiert und insistiert die Ausnahme: ein Schnipsel des Realen. Wie Goethe macht auch Keller keine Ausnahme von dieser Regel, von dieser Regel der Ausnahme oder Ausnahme der Regel. Wie bei Goethe das Kapitel *Bekenntnisse einer schönen Seele* ist Kellers Kapitel *Das Meretlein* ein schief in ein Buch eingelegter loser Zettel. Beide Texte rotieren und gravitieren um diese ihre (oder nicht-ihre) unheimlichen Intarsien, die wie schwarze Löcher in den beiden Romanen stehen. Dieses Kreisen des Textes um sein Gravitationszentrum ist die Rotation des Textes um seine eigene

Jouissance. Die Jouissance wiederum ist der Überschuss des Realen. Für das im Symbolischen situierte Subjekt stellt sie das immer schon verlorene Objekt dar, das es für die Konstituierung des Symbolischen aufgeben musste. Die Jouissance ist das im Realen situierte verlorene Objekt, welches das Subjekt von Anfang an niemals hatte.

In der Meret-Episode von Kellers Roman wird *nicht* gezeigt, wie seltsam diese „allerärgste Hexe" (I, 45) namens Meret ist, sondern wie pervers der Blick der Leute ist. An keiner Stelle im Text wird ihre Stimme hörbar oder ihr Blick sichtbar, an keiner Stelle ist beschrieben, was sie denkt, wahrnimmt oder fühlt. Allein ihr vom Blick der Leute produziertes Bild ist sichtbar (und in diesem Bild indirekt seine Macher, auf die es zurückweist). Kellers Roman zeigt keinen wechselseitigen Blick, kein Spiel und Widerspiel der Blicke, sondern nur einen einseitigen, fixierenden, festschreibenden, definierenden Blick:

> In einer Ecke der Kirchhofmauer war eine kleine steinerne Tafel eingelassen, welche nichts als ein halbverwittertes Wappen und die Jahreszahl 1713 trug. Die Leute nannten diesen Platz das Grab des Hexenkindes und erzählten allerlei abenteuerliche und fabelhafte Geschichten von demselben, wie es ein vornehmes Kind aus der Stadt, aber in das Pfarrhaus, in welchem dazumal ein gottesfürchtiger und strenger Mann wohnte, verbannt gewesen sei, um von seiner Gottlosigkeit und unbegreiflich frühzeitigen Hexerei geheilt zu werden. Dieses sei aber nicht gelungen; vorzüglich habe es nie dazu gebracht werden können, die drei Namen der höchsten Dreieinigkeit auszusprechen, und sei in dieser gottlosen Halsstarrigkeit verblieben und elendiglich verstorben. Es sei ein außerordentlich feines und kluges Mädchen in dem zarten Alter von sieben Jahren und dessenungeachtet die allerärgste Hexe gewesen. Besonders hätte es erwachsene Mannspersonen verführt und es ihnen angethan, wenn es sie nur angeblickt, daß selbe sich sterblich in das kleine Kind verliebt und seinetwegen böse Händel angefangen hätten. Sodann hätte es seinen Unfug mit dem Geflügel getrieben und insbesondere alle Tauben des Dorfes auf den Pfarrhof gelockt und selbst den frommen Herrn verhext, daß er dieselben öfters inbehalten, gebraten und zu seinem Schaden gespeist habe. Selbst die Fische im Wasser habe es gebannt, indem es tagelang am Ufer saß und die alten klugen Forellen verblendete, daß sie bei ihm verweilten und in großer Eitelkeit vor ihm herumschwänzelten, sich in der Sonne spiegelnd. [...] Es war auch der Erinnerung des alten Dorfes unbewußt lieb und wert, und in den Erzählungen und Sagen von ihm war eben so viel unwillkürliche Teilnahme als Abscheu zu bemerken. (I, 45ff.)

Der entscheidende Punkt des beklemmenden Kapitels mit der Überschrift *Das Meretlein* ist nicht irgendeine Perversion Merets, sondern gerade umgekehrt die Perversion des Blicks – es ist sowohl *unentscheidbar* als auch *gleichgültig*, ob Meret wirklich eine Hexe ist. Meret verkörpert buchstäblich die Jouissance, die vom Anderen niemals besessen wurde, aber von ihm nachträglich als verloren oder geraubt betrachtet wird – eine Ansicht, die die traumatische Erfahrung eines ursprünglichen Nicht-Besitzes verbirgt, wie Žižek in *Tarrying with the Negative* klarstellt: What we conceal by imputing to the Other the theft of enjoyment is the traumatic fact that *we never possessed what was allegedly stolen from us*: the lack ('castration') is originary, enjoyment constitutes itself as 'stolen'.[30]

Im Gerücht und Geschwätz der Leute, in deren Reaktion sich „Teilnahme" und „Abscheu" mischen, erscheint Meret, diese Inkarnation der Jouissance, als zugleich attraktiv und niederträchtig. Selbst die Vögel und die Fische verlockt dieses perverse Ding, diese Inversion

---

30 Slovej Žižek: *Tarrying with the Negative*. Durham 1993. S.203.

oder Perversion des heiligen Franziskus, diese Inkarnation der Jouissance, die sich in ihrer gottlosen Halsstarrigkeit der Heiligen Trinität verweigert und neben erfahrenen Forellen auch erwachsene Mannspersonen verführt. Sie besitzt die Jouissance, heißt es. Neid und Missgunst sind die Reaktionen der Leute – sie wollen die Jouissance, die Meret ist oder besitzt, entweder auch haben oder aber Meret soll sie auch nicht besitzen, wenn denn schon sie sie auch nicht haben können.

Die folgerichtige Konsequenz aus diesem Phantasma der in Meret verkörperten und zugleich von ihr vorenthaltenen Jouissance sind Misshandlung und Gewalt, um Meret ihrer Jouissance zu berauben. Der Pfarrer, der Meret mit „Ruthen" züchtigt und unter „Arrest" setzt (I, 48), der ihr einschnürende Kleidung verpasst und sie einer Hungerkur aussetzt, übernimmt in seiner vom dreieinigen Gott selbst legitimierten Perversität die Rolle des gerecht Bestrafenden, der die inkarnierte Jouissance auspeitscht und einsperrt, einschnürt und aushungert. Der Gottesmann wird auf diese Weise zum Agenten einer Spirale der Gewaltausübung: Je heftiger die Sanktionen ausfallen, desto schneller wächst die Jouissance; je schneller wiederum die Jouissance wächst, desto besinnungsloser muss man strafen. Daher ist die exorzistische Aufgabe, die dieser allerärgsten Hexe die Jouissance austreiben soll, eine unendliche. Der Kernpunkt dieses Strafwahns ist dabei nicht, dass der Pfarrer, wie er klagt, mit seinen Handeln eine unangenehme, anstrengende Aufgabe erfüllt und eine schwere, drückende Pflicht, „ein schlimmes Stück Arbeit" (I, 50) auf sich nimmt: Gerade in dieser seiner höchstrichterlichen Pflichtausübung nämlich genießt er seine eigene Perversion.

Der Neid und der Hass auf die Jouissance, die Meret ist oder hat, sind nach den Ausführungen Lacans in *L'éthique de la psychanalyse* nichts anderes als die beiden Seiten ein und derselben Medaille.

> Je dirai plus – ce registre d'une jouissance comme étant ce qui n'est accessible qu'à l'autre est la seule dimension dans laquelle nous puissions situer ce malaise singulier que seule je crois – je me trompe peut-être – la langue allemande a su noter, comme d'autres nuances psychologiques de la béance humaine, sous le terme de *Lebensneid*.
>
> Ce n'est pas une jalousie ordinaire, c'est la jalousie qui naît dans un sujet dans son rapport à un autre, pour autant que cet autre est tenu pour participer d'une certaine forme de jouissance, de surabondance vitale, perçue par le sujet comme ce qu'il ne peut lui-même appréhender par la voie d'aucun mouvement affectif, même le plus élémentaire. N'est-ce pas vraiment singulier, étrange, qu'un être s'avoue jalouser chez l'autre, et jusqu'à la haine, jusqu'au besoin de détruire, ce qu'il n'est capable d'appréhender d'aucune façon, par aucune voie intuitive? Le repérage, quasiment conceptuel, de cet autre peut suffire à lui tout seul à provoquer ce mouvement de malaise.[31]

Jouissance ist, wie Lacan sagt, ein Lebensneid, nämlich die Verschwisterung (oder Verbrüderung) von Neid und Hass zum Neid-Hass. Da Meret diese Jouissance zu *sein* scheint, wird sie, „ein außerordentlich feines und kluges Mädchen" und zugleich „die allerärgste Hexe", mit Liebe und Hochachtung behandelt und gleichzeitig mit Hass und Ekel verfolgt. Gerade in dieser `Ambivalenz´ wird die Funktion der Jouissance offenbar: Für die Konstituierung und Stabilisierung des Symbolischen darf die Jouissance nicht ausgespart werden. Sie ist unverzichtbar. Wie die Leute braucht auch der Text Meret. Die Jouissance ist die Wunde des Symbolischen. Sie ist (mit Lacans neologistischem Begriff der Extimität als dem Gegenbegriff zur In-

---

31 Jacques Lacan: *L'éthique de la psychanalyse*. Paris 1986. S.278.

timität gesprochen) seine extimierte Lücke: als Form veräußerlichter Innerlichkeit trägt die Jouissance das Symbolische. Genau aus diesem Grund ist sie unverzichtbar.

Meret als verkörperte Jouissance stellt mithin in einem zweifachen Sinn eine unerlässliche Bedingung des Textes dar – sowohl im Hinblick auf die innere Kohärenz des Romankapitels, welches sie beschreibt, als auch im Hinblick auf die äußere Kohärenz des Romanganzen, in dem das Kapitel als einer seiner Bestandteile enthalten ist. In der *Binnenstruktur* des Kapitels wird die Jouissance im Symbolischen fixiert: Merets Bild, ein „dunkles Oelgemälde" (I, 46), wird nach ihrem Tod im Pfarrhaus – gerade an jenem Ort also, an dem sie ihre ärgsten Demütigungen und schlimmsten Qualen erlitten hat – als eingerahmte Form angebracht. In der *Außenstruktur* des Romanwerks wird Merets Kapitel als eine vom übrigen Romantext eingerahmte Form, die weder mit der Figur des Protagonisten verbunden ist noch den Handlungsgang vorantreibt, wie Goethes *Bekenntnisse einer schönen Seele* als Fremdkörper quer zwischen zwei Kapitel eingeschoben. In einer zwei*fachen* und einer zwei*deutigen* Weise wird die Jouissance als Surplus des Realen ins Symbolische inseriert.

Die Rahmung jenes Überschusses des Realen, der sowohl *im* Text als auch *vom* Text eingefasst zutage tritt, hat eine doppelte Funktion: erstens als *Auratisierung der Jouissance* und zweitens als *Schutzschirm für die Realität:* Dadurch dass Meret in einer bildlichen Darstellung eingerahmt wird, wird sie hinsichtlich ihrer Verehrung auf das Niveau der Jouissance erhoben. Bei diesem Vorgang der Rahmung ist es der Rahmen selbst, der die Jouissance hervor- und zugleich zum Strahlen bringt. Indem Merets Bild an der Wand durch den Bilderrahmen und das *Meret*-Kapitel durch seine textuelle Umgebung eingerahmt werden, findet eine zweifache Rahmung statt: Meret wird als Jouissance doppelt umrahmt. Der Rahmen selbst, der der Jouissance das Leuchten einer Aura verleiht, verhindert aber zugleich, in seiner zweiten Funktion als Barriere, den Einbruch der Jouissance in die Realität – es muss also nicht etwa, wie man vorschnell urteilen könnte, die Jouissance vor der Realität, sondern gerade umgekehrt die Realität vor der Jouissance geschützt werden.

Innerhalb des Kapitels wie auch im ganzen Roman (und schließlich auch in der Gattung des Bildungsromans überhaupt) wird die Position des Subjekts vor der Jouissance geschützt. Der Rahmen markiert und kennzeichnet den Abstand zur Realität, er setzt und bezeichnet Distanz. Durch diese Barriere, die einen Schutzwall um die Jouissance errichtet, kann das Symbolische vor der Bedrohung durch den Einbruch des Realen geschützt werden – die Rahmung selbst schützt die Realität vor jenem Gerahmten, das sie ein- und umfasst. Meret selbst wird durch das Gemälde, das sie posthum abbildet, in eine Umrahmung fixiert wie eine Leiche im Sarg. Aufgrund der Einhegung durch den Rahmen besteht nicht jene doppelte Gefahr, dass entweder Heinrich in das Porträt Merets eintritt oder aber Meret aus dem Rahmen fällt bzw. heraustritt. Durch die Rahmung wird die Jouissance zugleich verehrt und eingedämmt.

Trotz der Fixierung beider Figuren im Sarg bzw. Rahmen ist Kellers Meret *nicht* Goethes Mignon. Meret ist vielmehr *die schöne Seele*. Allerdings geht Keller mit seiner Darstellung Merets beträchtlich weiter als Goethe mit der Darstellung seiner schönen Seele: weiter – das heißt bis ins Extrem, bis an die Grenze. Diese Möglichkeit und Notwendigkeit, an den Rand, bis ins Äußerste zu gehen, ergibt sich schlicht und einfach daraus, dass Meret – anders als die *schöne* Seele – über kein qualifizierendes oder einschränkendes Epitheton verfügt. Meret ist nicht die *schöne* Meret. Sie ist nicht der schöne Trieb. Sie ist, wie sie sagt, der Trieb selbst, der nackte, gegen das Gesetz gerichtete beiwortlose Trieb.

Der zwischen der schönen Seele und Meret bestehende Unterschied in der Radikalität der Darstellung manifestiert sich auch – in kompositorischer Hinsicht – im Grad der Isoliertheit der jeweiligen Kapitel, die die beiden Figuren beschreiben: Goethe hatte die offenbare

54

Unheimlichkeit des in sein Romankorpus eingeschobenen Fremdkörpers namens *Bekenntnisse einer schönen Seele* am Ende dieses Kapitels durch die Herstellung einer verwandtschaftlichen Beziehung der schönen Seele zu Mitgliedern der Turmgesellschaft abgemildert. Das Kapitel ist aber nicht deshalb eingefügt, um die Verbindung mit der Turmgesellschaft zu betonen, vielmehr wurde – umgekehrt – die Turmgesellschaft eingeführt, um die Unheimlichkeit des Kapitels zu verbergen. Allerdings bleibt die Naht von Goethes einigermaßen unprofessioneller Verbindung der Texturen deutlich spürbar.

Keller dagegen verzichtet auf jede derartige personelle Verfugung, welche eine Kohärenz des Meret-Kapitels mit der Handlung oder dem Personal des Romans herstellen würde. Seine Abtrennung des eingeschobenen Kapitels, das wie fremde Blätter in seinem Roman steht, ist absolut. Durch diese vollständige Isolierung ist auf der Figurenebene eine bedrohliche Beeinflussung oder Kontamination seines Protagonisten durch Meret von Anfang an ausgeschlossen. Zugleich kann aber im Gegenzug auf der Werkebene die Unheimlichkeit des vollständig abgelösten Einschubs ungemildert und in aller Schärfe hervortreten.

Meret ist (wenn man ihr, der Beiwortlosen, denn ein Attribut beifügen möchte) die unschöne Seele. ʽUnschön' allerdings ist nicht der Gegensatz zu ʽschön'. Schön *ist* unschön. Das Schöne und das Unschöne sind – in einer einzigen Dimension – wie die Ebenen des Möbiusbandes miteinander verkoppelt: Hätte Goethe mit ein wenig mehr Mut den Trieb der schönen Seele treiben lassen, wäre auch er – auch er schon – mit ihm zusammen ins Unschöne abgetrieben worden. Er wäre, wie auf dem Möbiusband, ohne Sprung auf die andere Seite des Schönen gelangt. Keller hingegen, in seiner weitergehenden, weitertreibenden Drift des Unschönen hält sich und Meret als den Trieb der unschönen Seele nicht zurück. Meret ist Trieb, sie ist Todestrieb – also, entgegen einer weitverbreiteten Verwechslung des Todes*triebs* mit dem Todeswunsch, das *Nicht-sterben-Wollen*. Sie lehnt es ab zu sterben, sie (die *nicht sterben will* und grade *keinen* Todeswunsch hat) insistiert aufs Nichtsterben – über ihren Tod hinaus. Meret ist das eigensinnige Kind, das noch nach seinem Ableben, noch als totes Kind aufs Nichtsterben besteht. Noch als ein Leichlein flieht Meretlein aus ihrem Gräblein:

> Wie man aber so eben das Todtenbäumlein in das Grab hinunter senken wollen, hat man ein seltsamen Schrei gehört aus dem Todtenbäumlein hervor, so daß Wir auf das Heftigste erschrocken sind und der Todtengräber auf und davon gesprungen ist. Der Chirurgus aber, welcher auch herzugeloffen, hat schleunigst den Deckel losgemacht und abgehebt, und hat sich das Tödlein als lebendig aufgerichtet und ist ganz behende aus dem Gräblein gekrochen und hat uns angeblickt. […] Das Mägdlein aber hat sich bald ermannt und ist über den Kirchhof davon und zum Dorf hinaus gezwirbelt, wie eine Katz, daß alle Leute voll Entsetzen heimgeflohen sind und ihre Thüren verriegelt haben. Zu selbiger Zeit ist just die Schulzeit aus gewesen und ist der Kinderhaufen auf die Gaß gekommen, und als das kleine Zeugs die Sache gesehen, hat man die Kinder nicht halten können, sondern ist eine große Schaar dem Leichlein nachgelaufen und hat es verfolgt. (I, 55f.)

Als Leiche zu fliehen ist ein unauflösbarer Widerspruch: wer gestorben ist, kann nicht fliehen, wer flieht, kann nicht gestorben sein. Die Psychoanalyse indes, die diesen (alltags-)logischen Widerspruch falsifiziert, statuiert die Existenz eines Ortes *zwischen* körperlichem und symbolischem Tod. Žižek beschreibt ihn besonders ausführlich in einem Text mit dem Titel *Neighbors and Other Monsters: A Plea for Ethical Violence* als den Raum des Todestriebes selbst:

> Life is the horrible palpitation of the *lamella*, of the nonsubjective (*acephal*) 'undead' drive which persists beyond ordinary death; death is the symbolic order itself, the structure which, as a parasite, colonizes the living entity. What defines death drive in Lacan is this double gap: not the simple opposition of life and death, but the split of life itself into 'normal' life and horrifying 'undead' life, and the split of the dead into 'ordinary' dead and the 'undead' machine. The basic opposition between Life and Death is thus supplemented by the parasitical symbolic machine (language as a dead entity which 'behaves as if it possesses a life of its own') and its counterpoint, the 'living dead' (the monstrous life-substance which persists in the Real outside the Symbolic). This split which runs within the domains of Life and Death constitutes the space of the death drive.[32]

Der von der Psychoanalyse positivierte Zwischen-Raum ist ein Zwischen-Tod. Präzise an diesem Ort, in dieser Interzone befindet sich Meret. Nach ihrem körperlichen Tod lehnt sie ihren symbolischen Tod ab, verweigert ihn. Sie ist ein lebendiges Leichlein. Sie ist der lebendige Tod. Und genau als dieser lebendige Tod ist sie der eigensinnige Trieb selbst.

Erst nach ihrem Tod kann das Kapitel, das sie ins Zentrum der Darstellung rückt, beendet werden. Meret darf in dem Zwischen-Raum nicht einfach als Gespenst spuken. Ihr Tod muss unbedingt symbolisiert werden. Andernfalls würde es geschehen, dass die Jouissance das Symbolische überschwemmt. Um dieses Über-alle-Ufer-Treten zu verhindern, fasst oder sperrt Keller das Kapitel *Das Meretlein* in die vollkommen (ab-) geschlossene Form seiner Rahmen-Gebung ein: der Rahmen ist ein Damm, der den Fluten der Jouissance wehrt. Kellers Rahmung dient als buchstäbliche Eindämmung zu nichts anderem als der Bewahrung der Gattung des Bildungsromans selbst, die andernfalls buchstäblich aus dem Rahmen fiele bzw. nach dem Überlaufen des Damms oder dem Dammbruch, der alle Uferbegrenzungen überflutet, in den Wassern der Jouissance unterginge. Dank der Stützung des rahmengebenden, dammbauenden Autors befindet sich auch Heinrich als der Protagonist des Bildungsromans und als modernes Subjekt in einer vom Verfasser eingerichteten Sicherheitszone: Schutz vor Überschwemmung mittels Quarantäne durch Rahmung.

Vor aller Augen tritt Heinrich zuletzt endlich vom Imaginären zum Symbolischen über. Wie Goethes Wilhelm, der Schauspieler, bei seinem Über-Gang seine Position als Künstler (und damit den Wert von Künstlerschaft überhaupt) verleugnet hatte, verwirft auch Kellers Heinrich, der Maler, seinen Künstlerberuf. Wie Wilhelm gemäß dem Ratschlag der Turmgesellschaft eine gesellschaftlich nützliche Tätigkeit ergreift, übernimmt auch Heinrich gemäß dem Ratschlag des Grafen einen Posten im „öffentlichen Dienste" (III, 244). Nach dem Eintritt ins Symbolische identifiziert der Protagonist der Gattung des Bildungsromans auch hier sein Begehren mit dem Begehren des Anderen. *Er begehrt, dass er möchte, was der Andere möchte.*

Das Subjekt internalisiert das Begehren des Anderen als sein eigenes Begehren. Es identifiziert sich nicht mehr mit dem Ideal-Ich, sondern mit dem Ich-Ideal. Genau dieser Wechsel, diese Ersetzung oder Substitution ist der Vorgang der Subjektivierung des Subjekts. An der asymmetrischen Struktur und der einseitigen Richtung dieser Subjektivierung zeigt sich, dass die Harmonisierung von Subjekt und Symbolischem im Bildungsroman immer nur eine Einbahnstraße ist – nicht symmetrische, sondern streng asymmetrische Harmonisierung:

---

32 Slovej Žižek: *"Neighbors and Other Monsters: A Plea for Ethical Violence"*. In: Eric L. Santner, Kenneth Reinhard u. Slavoj Žižek: *The Neighbor*. Chicago/London 2005. S.172.

Nicht etwa internalisiert der Andere das Begehren des Subjekts, sondern allein das Subjekt erbringt die Internalisierungsleistung. Ihm ist die Harmonisierung auferlegt.

Mit diesem Vorgang der einseitigen Internalisierung hat Heinrich das Ziel des Bildungsromans erreicht. Das bedeutet (neben vielem anderem) auch, dass er nicht stirbt. Allerdings ist er früher einmal gestorben. Seine Auferstehung ist nicht durch ein Wunder und nicht durch Metempsychose zu erklären. Der in natürlicher Weise wiederauferstandene Heinrich ist auch nicht in eine andere Epoche und in eine andere Figur gewandert, weder in den Wilhelm vom Anfang der Moderne, noch in den Hans an ihrem Ende oder in sonstwen. Heinrich ist wiederauferstanden in derselben Zeit und in derselben Figur, nämlich in der Mitte der Moderne und als Heinrich. Der Wiederauferstandene ist derselbe grüne Heinrich, der dieselbe grüne Kleidung wie vor seinem Tod trägt. Der Heinrich der Zweitfassung (denn von ihm und von ihr ist die Rede) geht beinahe denselben Bildungsweg wie der Heinrich der Erstfassung.

Diese Wiederauferstehung ist trotz ihrer weitgehenden Tautologizität, trotz der Invarianz ihrer entscheidenden Parameter sinn- und bedeutungsvoll: Durch sie erst wird Heinrich nunmehr zum Protagonisten eines Bildungsromans. Die Antwort auf die Frage aber, weshalb der Heinrich der Zweitfassung – im Gegensatz zu jenem der Erstfassung – nicht stirbt, ist ganz einfach und kann in ein einziges Wort gefasst werden: Judith. Judith kommt aus Amerika zurück, nur für Heinrich, wie sie sagt. Die mathematische Gleichung Zweitfassung – Erstfassung = Judith fasst die entscheidende Bedeutung Judiths für Heinrichs Weiterleben (und damit für die Fortexistenz der Gattung Bildungsroman) in eine handliche, anschreibbare, memorierbare Formel.

Aus einem Außen der Narration, der Handlung und der Schauplätze des Romans tritt Judith als *dea ex machina* auf die Erzähl-Bühne. Der erste Teil des Romans endet mit der Abreise Judiths nach Amerika, der zweite Teil mit ihrer Rückkehr. Im Zwischenraum des gesamten zweiten Teils aber spielt sie keinerlei Rolle – weder in der Narration noch auch nur in den Gedanken oder Gefühlen Heinrichs. So ist die Bedeutung Judiths zwar einerseits durch die symbolträchtige Situierung ihrer Auftritte an zwei Kapitel-Enden hervorgehoben. Andererseits aber erhält sie eine ausschließlich nachträgliche und überdies faktisch bzw. funktionell streng eingeschränkte Bedeutung: Das Ziel des Bildungsweges Heinrichs, dessen Gang im zweiten Teil des Romans erzählt wird, liegt nicht in der Herbeiführung der Rückkehr Judiths. Judith ist – der symbolischen Auflading ihrer Auftritte und ihrer Funktion für den Unterschied von Erst- und Zweitfassung zum Trotz – nur ein Nebenprodukt des Bildungsweges und eine nachträgliche Belohnung für dessen Absolvierung: Die an zwei Kapitel-Rändern auftauchende Judith bleibt – eine Randfigur. Sie ist nur die Trophäe oder Prämie, nicht aber das Ziel oder Objekt von Heinrichs Bildungsweg. Erst *nach* Absolvierung des Bildungsweges kann Judith als Objekt a begehrt werden.

Und dennoch, trotz aller Funktionalität und Marginalität, leistet Judith für den erfolgreichen Eintritt Heinrichs ins Symbolische den allesentscheidenden Beitrag – das Subjekt benötigt für die Vollendung des Bildungsweges unbedingt das Objekt a: die marginale Judith ist unverzichtbar. Denn der Eintritt selbst und der Eintritt allein garantiert nicht die Vollständigkeit des Symbolischen. Für die Vervollständigung des Symbolischen ist der Mechanismus der Phantasieformel erforderlich, in der das Objekt a als ein Element enthalten ist. Die Phantasieformel ist unverzichtbar, sie ist von absoluter Notwendigkeit für die Rechtfertigung des Symbolischen. Ohne sie kann das Ziel des Bildungsromans nicht erreicht werden. Denn sie steht in ihrer topologischen Situierung am Übergang vom unvollkommenen zum vollkommenen Anderen.

Für die Gattung des Bildungsromans ist dieser Vorgang der Komplettierung, der mit dem Moment der Ironisierung des Anderen einsetzt (aber nicht mit ihr endet), unerlässlich.

Wie Wilhelm nach seinem Eintritt ins Symbolische die Turmgesellschaft ironisiert, so ironisiert auch Heinrich nach seinem Eintritt ins Symbolische seine gesellschaftliche Umgebung. Mit dieser ironischen Haltung behauptet Heinrich einen intellektuellen Vorbehalt, durch den oder hinter dem er trotz seines Eintritts eine innere Distanz zum Symbolischen aufrechtzuerhalten hofft. Diese *reservatio mentalis* aber ist nichts weiter als ein Selbstbetrug, denn die äußerliche soziale Rolle ist nicht eine Maske, hinter der sich die wahre Innerlichkeit oder innerliche Wahrheit verstecken und bewahren kann, sondern sie *ist* das Symbolische selbst. Genau so hat es Žižek in *Looking Awry* mit zugleich feinem und scharfem Blick ausgeführt:

> [W]e effectively *become* something by pretending that we *already are* that. To grasp the dialectic of this movement, we have to take into account the crucial fact that this 'outside' is never simply a 'mask' we wear in public but is rather the symbolic order itself. By 'pretending to be something,' by 'acting as if we were something,' we assume a certain place in the inter-subjective symbolic network, and it is this external place that defines our true position. If we remain convinced, deep within ourselves, that 'we are not really that,' if we preserve an intimate distance toward 'the social role we play,' we doubly deceive ourselves. The final deception is that social appearance is deceitful, for in the social-symbolic reality things ultimately *are* precisely what they *pretend* to be.[33]

Gerade dadurch, dass das Subjekt sich verkleidet und im Modus des *Als ob* handelt, erhält es seine Position im Symbolischen. Seine Wahrheit liegt nicht in seiner innerlichen oder geistigen Haltung, sondern in seiner äußerlichen Situierung. Heinrichs Hoffnung auf *Behauptung* seiner ironischen Distanz zum Symbolischen ist eine leere *Behauptung*. Heinrich verkleidet sich wie der Protagonist eines Bildungsromans, Heinrich handelt wie der Protagonist eines Bildungsromans, Heinrich *ist* der Protagonist eines Bildungsromans.

Hinzu kommt, dass die ironische Beschreibung des Anderen *nicht* das letzte Wort des Bildungsromans und *nicht* das Resümee seiner Darstellung ist. Unmittelbar nach Anwendung des – auf ein Funktionselement begrenzten – ironischen Prinzips tritt die Phantasieformel in Funktion. Durch das in dieser Formel enthaltene Objekt a verbirgt das Subjekt den Mangel des Anderen. Gerade in diesem Mechanismus liegt der Grund, weshalb die genau rechtzeitig aus Amerika zurückgekehrte Judith, die in Kellers Roman das Objekt a repräsentiert, das wichtigste Element für den Heinrich der Zweitfassung ist. In der Gattung des Bildungsromans erscheint dieses Objekt a stets exakt zum richtigen Zeitpunkt. Objekt a ist immer pünktlich.

Wie bei Goethe das Auftreten Nathalies für Wilhelm mit untrüglicher Pünktlichkeit erfolgt, so auch bei Keller das Erscheinen Judiths für Heinrich. Judiths Entschluss, ihr Leben mit Heinrich zu teilen, ist identisch mit Nathalies Entschluss, ihr Leben mit Wilhelm zu teilen – und er enthält dieselbe gedankliche Inkonsistenz: Nathalies Plan hatte zunächst gelautet, im Falle des Todes von Wilhelms Sohn Felix mit Wilhelm zusammen zu leben. Dann aber, als Felix doch am Leben bleibt, sieht sie trotzdem keinen Grund, *nicht* bei ihm zu bleiben. Dieser offenbare logische bzw. syllogistische Widerspruch besagt im Klartext: gleichviel ob Felix am Leben bleibt oder stirbt – ich bleibe bei Wilhelm. Im Falle Judiths ist exakt dieselbe Logik am Werk: da Heinrich unglücklich und verarmt in seine Heimat zurückgekehrt ist, möchte sie bei ihm bleiben. Als sich Heinrich aber weder als unglücklich noch als verarmt erweist, sieht sie dennoch keinen Grund, *nicht* bei ihm zu bleiben. Der logische Widerspruch ist derselbe wie bei ihrer Vorgängerin: gleichviel ob er unglücklich und verarmt ist oder nicht – ich bleibe bei ihm.

---

33 Slavoj Žižek: *Looking Awry*. Cambridge/London 1992. S.73f.

Dieser eklatante Widerspruch entsteht (in formalisierter Beschreibung) folgendermaßen: Wenn Bedingung A eintritt, folgt daraus Ergebnis B; wenn Bedingung Nicht-A eintritt, folgt daraus Ergebnis B. Wenn aber B durch Bedingung A wie durch Bedingung Nicht-A eintritt (und die Disjunktion der Prämissen, wie im vorliegenden Fall, erschöpfend ist), sind die Bedingungen nicht bedingend, sondern vorgeschoben – B tritt in jedem möglichen Fall ein. Unter den vorgeschobenen konträren Bedingungen liegt der bedingungslose Entschluss, in jedem möglichen Fall B zu erreichen. Die Entschlüsse von Nathalie und Judith als den Objekten a der beiden Romane sind – logisch beweisbar – nicht aufgrund der beklagenswerten Lebenssituation Wilhelms und Heinrichs und nicht aufgrund der mitleidsvollen Moralität ihrer aufopferungsbereiten Retterinnen entstanden. Solange Objekt a in der Phantasieformel erscheint, ist (vor oder hinter aller Logik) der Entschluss immer schon gefallen. Das Objekt a der Phantasieformel, welches keinen Subjektstatus besitzt, ist *durch das* Subjekt und *für das* Subjekt hervorgebracht.

Anders als bei Goethe ist bei Keller die Pünktlichkeit von Objekt a noch in einer zweiten Hinsicht wichtig: Wilhelms Mutter ist nicht tot. Heinrichs Mutter aber ist tot. Wilhelm findet keinerlei Brief seiner Mutter. Heinrich aber findet nach dem Tod seiner Mutter einen von ihr verfassten Brief, der freilich keine Angabe zum Adressaten enthält. Aber selbstverständlich ist niemand anderes als Heinrich der Adressat des Briefes. Der Brief ist die Antwort der Mutter an ihren Sohn – eine Antwort freilich, der keine Frage Heinrichs vorangeht. Denn Heinrich hat seiner Mutter schon lange Zeit nicht mehr geschrieben. Damit aber schreibt er einen Brief, indem er keinen Brief schreibt: Sein Nichtschreiben an seine Mutter ist der schweigende Brief, der nicht aufgegeben wird und nicht aufgegeben zu werden braucht. Der Brief, hat Lacan gesagt, erreicht immer sein Ziel: Heinrichs Mutter erhält den Brief ihres Sohnes dadurch, dass sie keinen Brief erhält.

Nichtschreiben ist Schreiben. Wenn Heinrich den (nicht) an ihn adressierten Brief erhält, bekommt er, nach einem weiteren Theorem Lacans, durch den Brief seiner Mutter seine (Nicht-)Nachricht in umgekehrter Form zurück:

'Wenn es nun Gott wirklich geschehen läßt, daß mein Sohn unglücklich werden und ein irrendes Leben führen sollte, so tritt die Frage an mich heran, ob nicht mich, seine Mutter, die Verschuldung trifft, insofern ich es in meiner Unwissenheit an einer festen Erziehung habe mangeln lassen und das Kind einer zu schrankenlosen Freiheit und Willkür anheimgestellt habe. Hätte ich nicht suchen sollen, daß unter Mitwirkung Erfahrener einiger Zwang angewendet und der Sohn einem sicheren Erwerbsberufe zugewendet wurde, statt ihn, der die Welt nicht kannte, unberechtigten Liebhabereien zu überlassen, die nur geldfressend und ziellos sind. Wenn ich sehe, wie wohlgestellte Väter ihre Söhne zwingen, oft schon vor dem zwanzigsten Jahre ihr Brot zu verdienen, und wie das solchen Söhnen nur zu nützen scheint, so fällt der traurige, altbekannte Selbstvorwurf mir doppelt schwer, und ich hätte in meiner Arglosigkeit nie gedacht, daß eine solche Erfahrung mich jemals heimsuchen könnte. Freilich habe ich seiner Zeit um Rat gefragt; als man aber den Wünschen des Kindes nicht zustimmte, hörte ich auf zu fragen und ließ es gewähren. Damit habe ich mich über meinen Stand erhoben, und indem ich mir einbildete, ein Genie in die Welt gesetzt zu haben, die Bescheidenheit verletzt und das Kind geschädigt, daß es sich vielleicht niemals erholen wird. Wo soll ich nun die Hilfe suchen?'

Hier brach die Schrift ab; denn vom nächsten Worte stand nur noch der Anfangsbuchstabe. An wen der Brief gerichtet war, ob er mit oder ohne obiges Bruchstück oder gar nicht abgegangen, wußte ich nicht, und eine Antwort fand sich unter den aufbewahrten Briefschaften nicht vor. Wahrscheinlich hatte sie die Sache doch unterdrückt. Dagegen verschmolz sich nun die in dem Gedichte von dem verlorenen Glücke aufgeworfene wunderliche Rechtsfrage mit derjenigen des Brieffragmentes und fiel mir zu Lasten als dem einzigen haftbaren Inhaber der Schuld. (III, 259f.)

In dem Brief seiner Mutter liest Heinrich, dass sie sich selbst die Schuld für den bisher gescheiterten Bildungsweg ihres nichtschreibenden und nicht reüssierenden verschollenen Sohnes gibt (oder, wie man sagt, zuschreibt). Das bedeutet weder, dass ihre Ansicht zutreffend ist, noch dass sie unzutreffend ist: es bedeutet nicht, dass sie am Scheitern ihres Sohnes schuldig ist oder dass sie nicht daran schuldig ist – das Tribunal über die Schuld oder Unschuld von Heinrichs Mutter ist eine leere Diskussion. Der Brief von Heinrichs Mutter zeigt nicht, dass sie schuldig ist, und er zeigt auch nicht, dass sie nicht schuldig ist. Allein entscheidend ist, dass ihre Selbstbeschuldigung die Frage nach der Schuld hervorbringt. Dadurch dass sie die von ihr hervorgebrachte Schuld dem Adressaten zurückschickt, bürdet sie ihrem nichtschreibenden, nichtsnutzigen Sohn die Schuld auf. Das bedeutet nicht, dass die Schuld Heinrich gebührt. Vorher hatte es gar keine Schuld gegeben. Erst durch den Brief von Heinrichs Mutter wird sie hergestellt.

Dieser Mechanismus folgt der Logik des Übergangs von einem Nichts zu einem Etwas, das freilich nicht positiv, sondern negativ ist: von 0 zu (–1). Das bedeutet nicht, dass die Rechenmaschine von Heinrichs Mutter defekt ist. Ihre Mathematik ist vollkommen exakt. Heinrich steckt bis über beide Ohren und für alle Zeiten in Schuld: Die von ihm übernommene, auf sich genommene Schuld ist unauslöschbar, denn die Gläubigerin, die allein verzeihen könnte, kann nicht mehr verzeihen, da sie tot ist. Es ist irrelevant, ob Heinrich tatsächlich schuldig oder unschuldig ist: Der Schuldner Heinrich internalisiert die Schuld. Damit *ist* er schuldig. Die Schuld ist immer zweifellos.

Da die Gläubigerin und mögliche Verzeiherin in dieser Mathematik oder Ökonomie der Schuld gestorben ist, muss die Schuld von einer anderen Person in Stellvertretung ausgelöscht bzw. buchstäblich *annulliert* werden. Gerade in dieser Annullierung besteht die zweite Funktion von Judith als Objekt a. Das bedeutet nicht, dass Judith Heinrichs Schuld auf sich oder übernimmt. Sowohl die *Rück*gabe der Schuld (an die Mutter) als auch ihre *Über*gabe (an Judith) ist unmöglich. Möglich ist allein ihre Annullierung: (–1) + (+1) = 0. Dieses Nullsummenspiel ist der Grund, weshalb Heinrich unmittelbar nach seinem Schuldbekenntnis vor Judith seine Schuld buchstäblich annihiliert sieht: Er fühlt sich und ist „frei" (III, 277) – frei von Schuld und überhaupt. Judith reagiert mit keinem Wort auf Heinrichs Schuld-Bekenntnis, weder mit Culpabilisierung noch mit Exkulpation. Es ist auch nicht nötig, dass sie etwas sagt. Die Ent-Schuldung funktioniert ohne ihr Urteil. Nicht ihre Meinung oder Vergebung, sondern ihr Sein oder Wesen löscht seine Schuld.

Judith als Objekt a hat noch eine dritte Funktion: sie dient der Überwindung von Heinrichs Melancholie. Nach dem Tod seiner Mutter wird Heinrich ein „melancholische[r]" (III, 267) Mann. Keller hat mit dieser Charakterisierung das einzig treffende Wort gewählt. Die Melancholie, die Heinrich befällt, ist nicht dasselbe wie Trauer. Der Ausdruck `Melancholie´ muss ganz buchstäblich verstanden werden – selbstverständlich im strengen Sinne Lacans. Heinrichs Versinken in Melancholie bedeutet nicht, dass Heinrich die Trauer über den Tod seiner Mutter nicht vollzogen hätte. Der Tod der Mutter bedeutet nicht ihre körperliche Absenz, sondern ihre überwältigende Übiquität: die tote Mutter ist überall. Diese Allgegenwärtigkeit der Mutter birgt für Heinrich die Gefahr, von ihr förmlich erdrückt zu werden. Das, was Heinrich, dem Melancholiker, in dieser Situation fehlt, ist nicht die Mutter. Was er braucht, ist nicht sie, sondern gerade Objekt a. Žižek hat das Wesen der Melancholie in einem unübertrefflichen Satz fixiert: „What happens in melancholy is that we get *the object of desire deprived of its cause*."[34]

Dem Melancholiker fehlt also nicht ein Objekt des Begehrens, sondern Objekt a als der *Objekt-Ursache des Begehrens*. Ein Melancholiker verliert niemals das Objekt, sondern er hält es fest. Das bedeutet nicht, dass er durch seine Identifizierung mit dem Objekt die Beziehung zum verlorenen Objekt nicht lösen kann, sondern dass er in dem Objekt die Objekt-Ursache nicht mehr finden kann. Für den Melancholiker existiert kein Begehren, denn ohne Objekt a ist das Begehren nicht möglich. Das Erscheinen von Judith ist exakt im Sinne Lacans das Erscheinen von Objekt a. Objekt a verkörpert die Form der Leere. Es ermöglicht die Distanz des Subjekts zum Anderen. Objekt a als Nichts eröffnet den rein formalen leeren Raum zwischen Subjekt und Anderem. Erst in diesem Raum kann der Mangel als Mangel fehlen. Dank Judith wird Heinrichs Begehren wieder ermöglicht.

Mit den drei in ihr verkörperten Faktoren von Objekt a – Ingangsetzung der Phantasiefunktion, Annullierung der Schuld und Überwindung der Melancholie – löst Judith die Fesseln, die Heinrich in Gefangenschaft geschlagen hatten, und erhält das Komplement ihrer bedingungs-losen Selbstverschreibung an eine Zukunft mit ihm: „ich spürte inzwischen den alten Druck von der Seele weichen und wußte, daß ich frei und gesund war. Plötzlich unterbrach ich mich und sagte: `Es nützt nichts, länger zu schwatzen! Du hast mich erlöst, Judith, und dir danke ich's, wenn ich wieder munter bin; dafür bin ich dein solang ich lebe!'" (III, 277)

---

34 Slavoj Žižek: *The Fragile Absolute*. London/New York 2001. S.21.

III. Canon 3: Manns *Der Zauberberg*

Hans ist Patient. Der Zauberberg als Schauplatz des gesamten Romans ist gerade das Imaginäre. Die Voraussetzung für die Zugehörigkeit zu dieser Sphäre aber ist die Krankheit: Krank-Sein als Eintrittsbedingung. Hans als Protagonist eines späten Bildungsromans beginnt seinen Bildungsweg, anders als seine Vorgänger, nicht als Künstler, weder als Schauspieler, noch als Maler, noch als Vertreter irgendeiner anderen Kunstrichtung. Das bedeutet freilich nicht, dass er kein Talent zur Kunst hätte: er verfüge, so steht es im Text (der das Kunst-Motiv der Gattung des Bildungsromans seiner Schwundstufe zuführt), sehr wohl über „Talent und daraus könne ein guter Marinemaler werden"[35]. Das heißt (bei aller Ironie): er kann und könnte, aber er will nicht. Die Kunst, die im *Zauberberg* nicht einfach fehlt, sondern – was eine andere Kategorie ist – *als fehlende markiert* ist, ist am Ende der Moderne keine Eintrittskarte für den Bildungsweg mehr. Die *als Negation präsente* Kunst hat ihren Status als Zutrittsvoraussetzung, als Irrtum sowie als *Weg* und *Gegenstand* der Irrtumserkenntnis verloren.

Über jene Eigenschaft aber, die für die Konstituierung dieser Gattung unverzichtbar ist und von ihr vorausgesetzt wird, verfügt Hans gleichwohl: Er hat neben seinem Militärmaler-Talent „Talent zum Kranksein" (278). Das Talent hat sich vom Künstlertalent zum Patiententalent verschoben. Hans ist buchstäblich als Patient und zum Patienten talentiert. Freilich kann nur ein regelrechter, ordnungsgemäßer Patient, über den inoffiziellen Gast- oder Besucherstatus hinaus, Vollmitglied im Zauberberg-Sanatorium werden. Um aber regulärer Patient zu werden, lässt Hans, dieser talentierte Patient, (oder sein Unbewusstes) kurz vor seinem anberaumten Abschiedstermin seine Fieberkurve ansteigen. Das Fieber ist Hansens vielversprechendes Symptom, das sein Verbleiben auf dem Zauberberg ermöglicht, und die Exegese dieses Symptoms folgt präzise jener Umkehrung von Ursache und Wirkung, die für die Hermeneutik des Symptoms charakteristisch ist: Hans *möchte* den Zauberberg nicht verlassen und `er' (oder Es, sein Unbewusstes) verschafft sich (oder ihm) ein Symptom, mit dem er den Zauberberg nicht verlassen *kann*. Die ver-kehrte Kausalität dieses Vorgangs bedeutet, dass das Ergebnis der Ursache vorangeht. Mit dieser Kunst (oder Krankheit) der Finalursache liefert Hans eindrucksvoll den Nachweis, dass er mit seiner Kunst des Krankseins ein talentierter Patient ist. Als Patient mit Talent fängt er seinen Bildungsweg an. Hans ist jetzt kein Gast mehr, er ist nunmehr offiziell und regelgerecht in die Patientenliste immatrikuliert.

Nur noch hoch oben auf dem Zauberberg – der nicht die Allegorie, sondern die Enklave der Welt ist – kann am Ende der Moderne noch ein Bildungsweg in Gang gesetzt (oder wenigstens der Versuch seiner Ingangsetzung unternommen) werden, und Hansens inverse Symptomato-Logik sichert seinen Verbleib an diesem letzten verbliebenen Bildungs-Ort. Diese ultimative oder finale Möglichkeit bedeutet allerdings nicht, dass Hans etwa keine Gelegenheit zum Hochschulbesuch gehabt hätte, er war tatsächlich einmal Student: er hatte „vier Semester Studienzeit am Danziger Polytechnikum hinter sich und vier weitere, die er auf den Technischen Hochschulen von Braunschweig und Karlsruhe verbracht hatte" (59). Ähnlich wie bei Kellers Heinrich ist die offizielle staatliche Ausbildung (die am Ende der Moderne explizit nicht mehr das *studium universale,* sondern die TU ist) unvereinbar mit dem Bildungsweg. Kein Wort verliert oder verschwendet der Erzähler eines Romans, der keine *Cam-*

---

35 Thomas Mann: *Der Zauberberg.* In: Ders.: *Werke-Briefe-Tagebücher.* Große Kommentierte Frankfurter Ausgabe. Bd. V.I. Frankfurt a. M. 2002. S.55. (Im Folgenden werden Zitate nach dieser Ausgabe im fortlaufenden Text mit bloßer Seitenangabe belegt.)

pus Novel und kein *Erziehungs*roman ist, über Hansens genaue Studienrichtung und den Studienverlauf – es ist überflüssig, darüber zu berichten.

Ausbildung ist keine Bildung. Partikularisierung und Universalität stehen in Widerspruch zueinander. Es ist daher kein Zufall, dass Hansens Bildungsweg gerade noch rechtzeitig vor dem Beginn seiner beruflichen Partikularisierung einsetzt: unmittelbar vor seinem Berufseintritt als „Ingenieur-Volontär" nimmt seine Karriere eine „Wendung" (59): die Peripetie zum Bildungsweg. Hans steht mit diesem Umschwung außerhalb der Mauern von Schule und Fachhochschule und deren vorgezeichneten und vorzeichnenden Bahnen. Bei Goethe und Keller war es noch die Kunst gewesen, die den Protagonisten die Freiheit (oder ˋFreiheitˊ) gewährt, den Bildungsweg einzuschlagen. Bei Mann hingegen ist die Krankheit als Garantin dieser Freiheit an die Stelle der Kunst getreten. Eine durch Schule und Ausbildung determinierte berufliche Karriere für den Protagonisten eines Bildungsromans aber ist von vorneherein ausgeschlossen: Wilhelm als Kaufmann, Heinrich als Handwerker, Hans als Ingenieur lauten die arbeitsbiographischen Unmöglichkeiten des Genres Bildungsroman.

Hans hat keinen Job und noch weniger hat er einen Beruf, aber er hat ein Objekt: Objekt a – alle Protagonisten der Gattung des Bildungsromans haben es, ohne Ausnahme. In Lacans Theorie ermöglicht das Objekt a die Phantasieformel, mittels der es dem Subjekt gelingt, den Mangel des Symbolischen zu verbergen. Das freilich bedeutet nicht, dass es selbst zum Symbolischen gehört. Das Objekt a macht die Lücke des Symbolischen sichtbar, es gibt sie zu sehen oder zu lesen. Dieses Objekt wird von dem Rahmen, der es einfasst, nachträglich hervorgebracht. Das Objekt a ist nichts. Als nichts aber ist es etwas. Es ist etwas, das nichts ist: Etwas/Nichts. Es ist (trotz seiner Bezeichnung als Objekt) ein Nicht-Objekt.

Diesen Nichts-Charakter veranschaulicht die Topologie des Objekts a im Genre des Bildungsromans. Wilhelms Nathalie, Heinrichs Judith und Hansens Clawdia als jene Objekte a, die nicht zum Symbolischen gehören, treten plötzlich aus einem Außen in den Text und treten später ebenso plötzlich wieder in dieses Außen zurück. Bei Goethe erscheint plötzlich Nathalie, um den verletzten Wilhelm zu retten, und verschwindet ebenso plötzlich wieder, vom Winde verweht; in dem Augenblick des Inkrafttretens der Phantasieformel hat sie einen neuerlichen Auftritt. Bei Keller tritt Judith zu Beginn von Heinrichs Bildungsweg unerwartet ab, hinüber nach Amerika, um diesen nicht zu stören; am Ende des Bildungsweges taucht sie ebenso unerwartet wieder auf. Bei Mann schließlich überspringt Clawdia als Objekt a ohne Schwierigkeiten die Grenze jenes auf ein Hochplateau verengten Schauplatzes, auf den die Handlung des Romans beschränkt ist, wie ein Joker; sie bleibt als einzige Figur des Romans nicht einfach durchgehend auf dem Zauberberg, sondern sie kommt und geht.

Diese Unzugehörigkeit von Objekt a gilt auch für das Verhältnis des Subjekts zu Objekt a. Im Fortschreiten des Bildungsromans von Goethe über Keller zu Mann wird die Charakteristik von Objekt a zunehmend evidenter: Das Objekt a gehört niemals zum Subjekt – es ist entweder *noch nicht erreicht* oder *schon vorüber*. Das Subjekt vermag Objekt a nicht zu fassen. In den *Lehrjahren* endet der Text exakt an dem Punkt vor der Heirat der einander Versprochenen – Wilhelm hat Nathalie beinahe schon erreicht, aber doch noch nicht erfasst. Im *Grünen Heinrich* heiraten Heinrich und Judith überhaupt nicht, die letzte Seite des Romans verzeichnet zunächst einige Begegnungen, die keine nennenswerten Ereignisse zeitigen, und schließlich Judiths Tod, mit dem der Text schließt – das Subjekt kann Objekt a, das schon vorüber ist, nicht fassen. Bei Goethe ist Wilhelm hinter Nathalie postiert, bei Keller liegt Heinrich vor Judith.

Bei Mann sind diese beiden Positionen in Clawdia vereinigt – Hans ist vor *und* hinter Clawdia: Hans kann Clawdia bei einer Gelegenheit nicht erreichen, bei anderer Gelegenheit ist sie schon vorüber. Als er sie aus der Entfernung verehrt, erreicht er sie *noch nicht*; kurz nachdem er seine Gefühle bekennt, reist Clawdia ab – *schon vorüber*. Als sie zurückkehrt, befindet sie sich in Begleitung Peeperkorns – wieder kann Hans sie nicht erreichen. Nach dem Tod Peeperkorns reist Clawdia wieder ab – nochmals *schon vorüber*. Immer gibt es ein räumliches, zeitliches oder personales Hindernis. Dieses Hindernis aber ist *nicht* der Grund dafür, dass das Subjekt Objekt a nicht fassen kann. Auch dient es nicht einfach als Vor-Wand oder vorgeschobene Ursache für die Feigheit des Protagonisten. Das äußerliche Hindernis schafft vielmehr die Illusion, das Subjekt könnte Objekt a erreichen, wenn nur das Hindernis nicht da wäre. Was das Hindernis verbirgt, ist die prinzipielle Unmöglichkeit, Objekt a zu erreichen. Was Objekt a durch dieses Hindernis verbirgt, ist, dass es selbst gerade nichts ist. Hinter dem Hindernis gibt es nichts. Die Funktion des Hindernisses besteht darin, dass die Unmöglichkeit zur Möglichkeit wird: das prinzipiell Unmögliche wird durch das Hindernis zum prinzipiell Möglichen, aber eben nur (durch die Umstände, wie man sagt) Verhinderten, Verbotenen. Das Subjekt erschafft die Illusion, dass Objekt a prinzipiell erreichbar wäre.

Um die Position von Clawdia als Objekt a hervorzuheben, wird sie als höchst schleierhafte und unfassbare Persönlichkeit beschrieben. Der Leser erfährt nicht, was sie denkt oder fühlt. Sämtliche Objekte a der Gattung Bildungsroman – Nathalie, Judith, Clawdia – werden vom Erzähler niemals unmittelbar und identifikatorisch beschrieben, sondern stets vermittelt und aus der Position des Protagonisten. Nicht nur für den Protagonisten und für den Leser, sondern auch für die Erzählinstanz selbst bleibt das Objekt a eine rätselhafte Figur. Der Grund für dieses enigmatische Erscheinungsbild (hinter dem als Wesen das Nichts steht) liegt darin, dass Objekt a kein Subjekt ist und niemals subjektiviert wird. Der Erzähler folgt nirgendwo dem Blick, den Gedanken und Gefühlen von Objekt a, sondern allein dem Protagonisten.

Der Umstand, dass Objekt a ausschließlich im Status des Objekts verbleibt und niemals subjektiviert wird, ist der Grund dafür, dass die Liebe im Genre des Bildungsromans nicht existiert. Mit diesem Nicht-Sein der Liebe ist, nach der Abwertung und Verwerfung der Kunst, auch das zweite der beiden prominentesten Medien der Selbstrealisierung, Selbsterfahrung, Selbstvervollkommnung und Selbststeigerung des modernen Subjekts negiert: Im Genre des Bildungsroman, dieser wichtigsten Verkörperung des modernen Subjekts, gibt es *keine Kunst und keine Liebe*.

Die Abwesenheit der Liebe im Bildungsroman bedeutet nicht, dass der Protagonist ohne Liebe mit seiner Geliebten verheiratet wäre, seine Liebe erloschen wäre oder sich als ein Irrtum erwiesen hätte: Die Liebe existiert nicht – selbstverständlich im Sinne Lacans. „[L]′amour, c′est donner ce qu′on n′a pas", definiert Lacan die Liebe im Seminar VIII *Le transfert*[36]. Die Beziehung des Subjekts zu Objekt a aber ist keine Liebe, sondern Phantasie – wiederum im Sinne Lacans. In der Gattung des Bildungsromans wird Objekt a niemals subjektiviert. Das bedeutet, dass die Beziehung zwischen Subjekt und Objekt a (wie die Erbringung der Sozialisationsleistung auch) streng einseitig bleibt. Die Phantasie wird allein vom Subjekt hervorgebracht – im Zuge einer Phantasieproduktion allerdings, die, wie Žižek in *The Plague of Fantasies* expliziert, das pure Gegenteil von Selbsterfahrung und Erfüllung eines Subjekts ist und die nicht eine volle Beziehung zweier Subjekte realisiert, sondern die Relation zwischen einem Subjekt, das die Leere ist, und einem Objekt, das desubjektiviert ist:

> [F]antasy, at its most elementary, is inaccessible to the subject, and it is this inaccessibility which makes the subject ′empty′. We thus obtain a relationship which totally subverts the standard notion of the subject who directly experiences himself, his ′inner states′: an ′impossible′ relationship between the *empty, non-phenomenal subject* and

---

36 Jacques Lacan: *Le transfert*. Paris 2001 S.150.

the *phenomena which forever remain 'desubjectivized', inaccessible to the subject* – the very relationship registered by Lacan´s formula of fantasy, $\$ \lozenge a$.[37]

Objekt a ist kein Subjekt. Objekt a bleibt Objekt a. Es bleibt in der Objekt-Position der Geliebten und gibt nicht als Liebende zurück, was es an Liebe erhalten hat. Objekt a wird niemals als Liebende situiert. Es bleibt – Objekt, das es schon seinem Namen nach ist – von Anfang an in der Position des Liebes-Empfängers. Das Objekt a bekommt Liebe wegen etwas, das in seinem Inneren liegt, das mehr als es selbst ist und von dem es selbst nicht weiß, was es ist. Im Genre des Bildungsromans stellt das Objekt a niemals die Frage, was es als Objekt a für den Protagonisten ist und was dieser in ihm sieht. Das bedeutet, es fragt sich nicht, was die Liebe des Subjekts zu ihm veranlasst. Diese Fragestellung aber ist (oder wäre) die unerlässliche Voraussetzung für den Übergang des Objekts in den Status des Subjekts, von der Geliebten zur Liebenden, wie Žižek wunderschön in *The Metastases of Enjoyment* ausführt:

> [W]e witness the sublime moment when *eromenos* (the loved one) changes into *erastes* (the loving one) by stretching out her hand and 'returning love'. This moment designates the 'miracle' of love, the moment of the 'answer of the Real'; as such, it perhaps enables us to grasp what Lacan has in mind when he insists that the subject itself has the status of an 'answer of the Real'. That is to say, up to this reversal the loved one has the status of an object: he is loved on account of something that is 'in him more than himself' and that he is unaware of – I can never answer the question 'What am I as an object for the other? What does the other see in me that causes his love?'. We thus confront an asymmetry – not only the asymmetry between subject and object, but asymmetry in a far more radical sense of a discord between what the lover sees in the loved one and what the loved one knows himself to be.
>
> Here we find the inescapable deadlock that defines the position of the loved one: the other sees something in me and wants something from me, but I cannot give him what I do not possess – or, as Lacan puts it, there is no relationship between what the loved one possesses and what the loving one lacks. The only way for the loved one to escape this deadlock is to stretch out his hand towards the loving one and to 'return love' - that is, to exchange, in a metaphorical gesture, his status as the loved one for the status of the loving one. This reversal designates the point of subjectivization: the object of love changes into the subject the moment it answers the call of love. And it is only by way of this reversal that a genuine love emerges.[38]

Dieser Übergang vom Objekt zum Subjekt, d.h. von der Geliebten zur Liebenden gehorcht folgender Logik: Der Liebende sieht etwas in der Geliebten, das der Grund seiner Liebe zu ihr ist. Aber die Geliebte kann etwas, was sie nicht besitzt, nicht geben. Daher gibt die Liebende dem Geliebten Liebe. Durch diese (Rück-)Gabe der Liebe wird die Geliebte zur Liebenden. Das Objekt der Liebe wird zum Subjekt, sobald es die Liebe beantwortet. Das ist gerade der Punkt, an dem die Liebe erblüht.

Die Abwesenheit dieses Vorgangs (und mithin die Absenz der Liebe) im Genre des Bildungsromans bedeutet, dass die Beziehung zwischen Subjekt und Objekt asymmetrisch und einseitig ist. Objekt a wird in dieser Gattung niemals zum Subjekt. Das bedeutet allerdings nicht, dass die Liebe eine Beziehung zwischen Subjekt und Subjekt ist. Die Liebe hat immer und prinzipiell eine asymmetrische Struktur: sie ist immer die Beziehung zwischen

---

37 Slavoj Žižek: *The Plague of Fantasies*. London/New York 1997. S.122.
38 Slavoj Žižek: *The Metastases of Enjoyment*. London/New York 2005. S.103f.

Subjekt und Objekt. Jedes der liebenden Subjekte situiert das andere Subjekt als Objekt a in seiner Phantasie. Es gibt immer nur das Zusammentreffen von Subjekt und Objekt. Ein symmetrisches Zusammentreffen von Subjekt und Subjekt wird niemals in Erfüllung gehen. Der Grund für die Abwesenheit der Liebe im Bildungsroman liegt nicht in der *Asymmetrie*, sondern in der *Einseitigkeit* der Beziehungsstruktur.

Objekt a bleibt Objekt a – für den Protagonisten wie für den Erzähler. Der Umstand, dass Objekt a nicht nur für den Protagonisten, sondern auch für den Erzähler des Bildungsromans ein Rätsel ist und bleibt, bedeutet gerade nicht, dass hinter dieser Rätselhaftigkeit, von der beide Instanzen des Textes gefangen, gebannt und fasziniert sind, ein wesentlicher oder wesenhafter Inhalt verborgen ist. Das einzige, was Maske und Schleier der Rätselhaftigkeit verbergen, ist der Umstand, dass hinter ihnen keinerlei Geheimnis verborgen ist. Das ist gerade die Funktion und der Effekt des Schleiers:

> Le voile, le rideau devant quelque chose, est encore ce qui permet le mieux d'imager la situation fondamentale de l'amour. On peut même dire qu'avec la présence du rideau, ce qui est au-delà comme manque tend à se réaliser comme image. Sur le voile se peint l'absence. Ce n'est pas autre chose que la fonction d'un rideau quel qu'il soit. Le rideau prend sa valeur, son être et sa consistance, d'être justement ce sur quoi se projette et s'imagine l'absence. Le rideau, c'est, si l'on peut dire, l'idole de l'absence. Si le voile de Māyā est la métaphore la plus communément en usage pour exprimer le rapport de l'homme avec tout ce qui le captive, cela n'est sans doute pas sans raison, mais tient assurément au sentiment qu'il a d'une certaine illusion fondamentale dans tous les rapports tissés de son désir. C'est bien là ce dans quoi l'homme incarne, idolifie, son sentiment de ce rien qui est au-delà de l'objet de l'amour. [...]

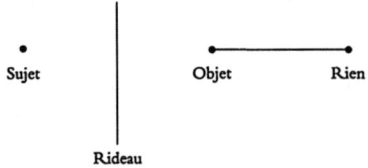

SCHÉMA DU VOILE

> Voici le sujet, et l'objet, et cet au-delà qui est rien, ou encore le symbole, ou encore le phallus en tant qu'il manque à la femme. Mais dès que se place le rideau, sur lui peut se peindre quelque chose qui dit – l'objet est au-delà. L'objet peut alors prendre la place du manque, et être aussi comme tel le support de l'amour, mais c'est en tant qu'il n'est justement pas le point où s'attache le désir. D'une certaine façon, le désir apparaît ici comme métaphore de l'amour, mais ce qui l'attache, à savoir l'objet, apparaît, lui, en tant qu'illusoire, et en tant que valorisé comme illusoire.[39]

Die Verschleierung dient, wie Lacan sagt, nicht der Verbergung von etwas, sondern der Verbergung von nichts – der Verbergung dessen, dass nichts zu verbergen ist. Die Verführungskraft Clawdias beruht nicht auf ihrer tatsächlichen Attraktivität, sondern auf diesem reinen

---

39 Jacques Lacan: *La relation d'objet*. Paris 1994. S.155f.

Anschein und auf den Verkennungen des Protagonisten und des Erzählers, hinter ihrem Schleier liege etwas verborgen. Das, was Hans gegenüber Clawdia „mon éternel désir" (518) nennt, entzündet sich an einer irrtümlich vermuteten Substanz hinter dem Schleier. Objekt a ist die Objekt-Ursache des Begehrens. Es ist nicht Objekt von etwas, sondern Objekt von nichts. Es ist Nichts-Objekt.

Einzig Clawdia als Objekt a hat in Manns Roman die exklusive Position, den Zauberberg nach Belieben verlassen und wieder betreten zu können – eine Funktion und eine Exklusivität, die sie mit keiner weiteren Person in diesem ortsfesten, klaustrophobischen, in jedem Sinne stationären Roman, wohl aber mit ihren Pendants (oder Vor-Läuferinnen) aus ihren Vorgänger-Romanen gemeinsam hat. Diese für alle Objekte a gültige Funktions- und Wesensgleichheit, die über die Grenzen des einzelnen Romanwerkes hinausreicht, lässt sich allerdings nicht mit demselben Grad an Homologie auf die übrigen Figuren, Figurengruppen und Figurenkonstellationen der einzelnen Romane von Anfang, Mitte und Ende der Moderne übertragen – die Konfigurationen der Personen befinden sich nicht über die gesamte Epoche der Moderne hinweg in einer invarianten, sich selbst gleich bleibenden Topologie. Je nach den Phasen oder Sub-Epochen der Moderne situiert sich der große Andere, der durch die kleinen anderen mediiert wird, in der jeweils passenden, den spezifischen Zeitbedingungen angepassten Topologie.

Zu Beginn der Moderne und auch noch in ihrer chronologischen Mitte – diese beiden Phasen stehen einander trotz annähernd gleicher Zeitabstände zwischen allen drei Phasen der Moderne näher als Mitte und Ende der Moderne – befinden sich Wilhelms Turmgesellschaft und Heinrichs Graf im Symbolischen. Nur dadurch, dass sie außerhalb jener Sphäre des Imaginären situiert sind, in dem sich Wilhelm und Heinrich während langer Abschnitte ihrer Bildungswege befinden, besteht überhaupt die Möglichkeit, die Protagonisten vom Imaginären ins Symbolische hinüber- oder emporzuziehen. Die Möglichkeitsbedingung des Bildungseffekts liegt gerade in diesem kategorialen Rangunterschied zwischen Protagonist und Instanz des Symbolischen. Ohne diese ʼpädagogische Differenzʹ entfällt die transzendentale Voraussetzung und damit auch die praktische Möglichkeit des Übertritts des Bildungsroman-Protagonisten, der ja entscheidend von der hinüberziehenden bzw. emporhebenden Kraft der jeweiligen Repräsentanten des Symbolischen abhängig ist.

Diese selbstevidente Überlegung, dass der Erfolg der pädagogischen Situation von einem kategorialen Wissens- oder Rangunterschied zwischen Zögling und Bildungsinstanz (bzw. zwischen Imaginärem und Symbolischem) abhängig ist, wäre aufgrund ihrer Selbstverständlichkeit und Trivialität kaum der Erwähnung wert, wenn nicht bei Mann – und mithin am Ende von Bildungsroman und Moderne – ebendiese Grundvoraussetzung des Bildungsromans nicht mehr erfüllt wäre: Im Gegensatz zur Ausgangskonstellation bei Goethe und Keller – also zu Beginn und in der Mitte der Moderne – stecken bei Mann – also am Ende der Moderne – alle kleinen anderen in *derselben Topologie*, in der sich auch der Protagonist des Romans befindet. Alle, heißt das, befinden sich unterschiedslos im Imaginären. Es ist aufgrund des zu Manns Zeit weit fortgeschrittenen historischen Erosionsprozesses des Symbolischen von Anfang an ausgeschlossen (und daher in der Ausgangskonzeption und Grundkonstellation des Romans verankert), dass die kleinen anderen bzw. der Protagonist – im Gegensatz zu der kategorialen Differenz zu Beginn und in der Mitte der Moderne – im Symbolischen situiert sind bzw. dorthin übertreten. Die Situierung der Topologie im Imaginären ist am Ausgang der Moderne nicht das Resultat einer Wahl, sondern von Anfang an die einzige Möglichkeit.

Das Symbolische kommt dementsprechend in Manns spätem Bildungsroman an keiner Stelle vor (und ist in dieser Fehlanzeige repräsentativ oder symptomatisch für den Untergang des Symbolischen überhaupt). Schon zu Beginn des Romangeschehens befindet sich Hans auf jener Zugfahrt, die ihn auf den Zauberberg bringt. Der Erzähler unternimmt alles, um seinen Bildungsromanprotagonisten systematisch von der Außenwelt abzuschirmen. Seine Vorgeschichte, die ihn mit einer sozialen Welt verbinden würde, wird, sozusagen als auktorial nachgelieferte Biographie, nur als zusammenfassender Erzählerbericht nachgetragen – und zwar bezeichnenderweise am Bewusstsein des Protagonisten vorbei, der zum Berichtszeitpunkt gerade schlafend seine erste Nacht auf dem Zauberberg verbringt.

Diese lebensgeschichtliche Zusammenfassung – buchstäblich der Nachtrag einer Biographie – befindet sich auch an ihrem exakten Ort im Roman: das Kapitel, das nicht nur mit dem Bewusstsein des schlafenden Protagonisten vermittelt ist, steht auch nicht etwa – als Hansens Vorgeschichte – vor dem Beginn seiner Anreise, sondern bildet einen chronologischen Rückgriff, eine Rückblende des Erzählers im Handlungsgang: Mit Hansens erster Nacht auf dem Zauberberg endet das erste Kapitel, mit seinem Erwachen beginnt das dritte. Dazwischen, sozusagen in einer Handlungspause, steht die gewissermaßen am Protagonisten vorbeierzählte, summierende Rekapitulation seiner Vorgeschichte. Diese a-chronologische Situierung und streng auktoriale Anlage des zweiten Kapitels ist eine notwendige und unvermeidliche Erzähl-Strategie, die der Isolierung und beschützenden Abschirmung des Protagonisten dient. Mit dem vollen Schutz, der ganzen Protektion des Erzählers befindet sich Hans von Anfang an im Imaginären.

Die Allgegenwart des Imaginären gilt nicht nur für die (Hochgebirgs-) Topologie, sondern auch für das Figurenarsenal des Romans. Das Imaginäre zu Manns Zeit kennt kein Außen mehr: alle sind drin, und alle sind krank. Der Protagonist Hans ist krank, die Erzieherfiguren Settembrini und Naphta sind krank, selbst der Arzt und Klinikleiter Hofrat Behrens ist krank. Da alle Figuren Patienten sind, sind auch alle *in the game, part of the game*. Aufgrund dieser ausnahmslosen Partizipation oder Involvierung ist es in logischer, topologischer und erziehungstheoretischer Hinsicht von vornherein unmöglich, Hans aus dieser Sphäre herauszuführen.

Der Ausgang der Moderne ist anders, grundsätzlich anders als der Anfang der Moderne. In Goethes Text kann die Turmgesellschaft beliebig ins Imaginäre eintreten und einwirken, um Wilhelm von dort (auf langen, verschlungenen, den Irrtum einbegreifenden Wegen) ins Symbolische zu überführen. Sie besitzt und vermittelt überhaupt erst die konstitutive Fähigkeit, eine Rolle zu übernehmen. In Manns Text hingegen können die kleinen anderen nicht ins Imaginäre eintreten oder hinabsteigen, um Hans aus dem Zauberberg in die Außenwelt zu überführen, weil sie dort immer schon sind. Die transzendentale Bedingung der Möglichkeit für die Übernahme einer Rolle oder die Überführung des Protagonisten ins Symbolische ist auf dem Zauberberg und im *Zauberberg* von vornherein nicht gegeben. Settembrini, Naphta, Behrens, all die kleinen anderen *spielen* nicht etwa Rollen als Patienten im Imaginären – sie *sind* Patienten. Für sie existiert kein Außen. Obwohl sie das Sanatorium verlassen könn(t)en, bleiben sie auf dem Zauberberg – anders als Clawdia, die das Feld des Imaginären als einzige verlässt und wieder betritt. Nicht nur für den Protagonisten des Bildungsromans, sondern auch für die Erzieher und den Arzt ist dieser Ort hoch oben auf dem Berg alles, was es gibt. Da sie, diese geschlossene Gesellschaft, alle in einem Kreis gefangen sind, kann niemand Hans aus dem Imaginären herausheben.

Niemand – auch nicht (oder besonders nicht) Settembrini und Naphta. Weder Settembrini noch Naphta – die beiden Erzieher-Figuren des Romans, die selber jener allumfassenden, alleserfassenden Sphäre von Krankheit zugehören, die der Romanschauplatz universalisiert – vertreten eigenständige philosophische Positionen, sondern jeweils nur die Gegenposition zu der Position ihres Kontrahenten. Jeder der beiden identifiziert nicht vor- sondern nachträglich die Position seines Opponenten und konstruiert daraufhin seine eigene Position als die genaue Gegenposition zu der seines Opponenten. Es heißt also nicht `er ist schwarz, aber ich bin weiß´, sondern `er nimmt schwarz, also nehme ich weiß´ und `er nimmt plötzlich weiß, also nehme ich schwarz´.

Es handelt sich daher nicht um Strategien des Paradoxes sondern nur um solche des Widerspruches – und überdies des nicht in der Sache selbst begründeten, sondern des takti- schen, kalkulierten, strategischen, prinzipiellen Widerspruchs, der sich zur Krönung der Kon- fusion und der Positionslosigkeit auch noch in sich selbst verschlingt:

> Aber dabei war keine Ordnung und Klärung, nicht einmal eine zweiheitliche und mili- tante; denn alles ging nicht nur gegeneinander, sondern auch durcheinander, und nicht nur wechselseitig widersprachen sich die Disputanten, sondern sie lagen in Wider- spruch auch mit sich selbst. Settembrini hatte oft genug rednerische Vivats auf die `Kritik´ ausgebracht, wo er nun das Gegenteil davon, welches die `Kunst´ sein sollte, als das adelige Prinzip in Anspruch nahm; und während Naphta mehr als einmal als Verteidiger des `natürlichen Instinktes´ aufgetreten war, gegen Settembrini, der Natur als die `dumme Macht´, als bloßes Faktum und Fatum traktiert hatte, wovor Vernunft und Menschenstolz nicht abdanken durften, faßte jener nun Posto auf seiten des Geis- tes und der `Krankheit´, allwo Adel und Menschheit einzig zu finden seien, indes die- ser sich zum Anwalt der Natur und ihres Gesundheitsadels aufwarf, uneingedenk aller Emanzipation. Nicht weniger verworren stand es mit dem `Objekt´ und dem `Ich´, ja, hier war die Konfusion, die übrigens immer dieselbe war, sogar am heillosesten und buchstäblich derart, daß niemand mehr wußte, wer eigentlich der Fromme und wer der Freie war. (702)

Bei den seitenfüllenden `Streitgesprächen´ zwischen den Antagonisten Naphtha und Settembrini handelt es sich nicht um einen Kampf oder die Auseinander-Setzung der Sach- Positionen sondern um Stratageme, die sich gegeneinander definieren (und sich darüberhinaus in ihre eigene Widersprüchlichkeit verstricken). Settembrini und Naphta sind außerdem nicht *Diskutanten*, sie sind *Erzieher*. Die Voraussetzung einer pädagogischen Situation aber ist (ne- ben der `pädagogischen Differenz´) das Vorhandensein eines Zöglings – ohne Zögling keine Erziehung und kein Erzieher. Bei den seitenfüllenden Wortgefechten zwischen Settembrini und Naphta handelt es sich um eine Inszenierung ausschließlich für und im Hinblick auf den Protagonisten des Bildungsromans. Hansens Position im Binnenraum des pädagogischen Tauziehens, das im Roman Hunderte von Seiten einnimmt, ändert sich im ganzen Verlauf des Kampfes um ihn um keinen Zentimeter – und zwar nicht trotz, sondern gerade wegen des lei- denschaftlichen Engagements seiner beiden Lehrer. Hans befindet sich in der windlosen Zone in der Mitte der gegensätzlichen Positionen Settembrinis und Naphtas, sozusagen im unbe- wegten Auge des pädagogischen Hurrikans.

Sowohl Goethes Wilhelm als auch Kellers Heinrich haben jeweils *einen* Erzieher. Das bedeutet selbstverständlich nicht, dass in Manns Zeit diese Ein-Zahl mit den Fortschritten der Pädagogik als nicht ausreichend betrachtet oder gar bereits als prinzipiell ungenügend erkannt wäre – doppelt hält *nicht* besser. 1 plus 1 ergibt nicht 2. In der Mathematik der *Zauberberg*- Pädagogik ist Settembrini plus Naphta gleich Null, weil $(+1) + (-1) = 0$ – die Personen addie- ren sich, aber die Positionen neutralisieren einander. Im elektrischen Feld der Argumente haben (um Manns rekurrente Bildlichkeit aus dem Bereich der Elektrizität zu übernehmen) die widerstreitenden Positionen Settembrinis und Naphtas die gleiche Oszillation und die gleiche Amplitude, aber gegensätzliche Phasen. Werden die beiden Wellen addiert, beträgt die Wellensumme 0. Gerade an diesem windstillen Ort befindet sich Hans. Keine der beiden Wellen trägt ihn fort. Wilhelm und Heinrich werden (von *einer* Erziehungsinstanz) in *eine* Erziehungs-Richtung gezogen, Hans dagegen wird (von *zwei* Erziehern) in zwei entgegengesetzte Richtungen gezogen – und bleibt daher – unbeweglich und unbewegt – am Null-Punkt. Die Form des pädagogischen Wettstreits um Hans ist ein reines Nullsummenspiel.

Dieser tote Punkt ist der Ort, an welchem sich (um die Elektrizitäts-Metaphorik fortzuführen) bei hoher Volt-Zahl die Hochspannung der Erzieher-Polarität – unter Paralysierung der pädagogischen Situation – neutralisiert. Um – zweiter und letzter Schritt der pädagogischen Demontage – auch noch die Spannung selbst zu löschen, gibt es nur eine Möglichkeit: den Stecker ziehen, die Energiezufuhr unterbrechen. Dies und nichts anderes ist die Funktion Peeperkorns: Es handelt sich nämlich bei den endlosen Streitgesprächen in seiner Anwesenheit um Debatten,

> für deren Dauer das anwesende 'Format' gewissermaßen neutralisiert war, da es sie nur mit stirnfaltigem Erstaunen und undeutlich-spöttischen Abgerissenheiten begleiten konnte. Allein selbst unter diesen Umständen übte es seinen Druck, beschattete das Gespräch, so daß es an Glanz zu verlieren schien, entweste es auf irgendeine Weise, setzte ihm, allen fühlbar, wenn auch seinerseits sicherlich unbewußt, oder Gott weiß in welchem Grade bewußt, etwas entgegen, was keiner der beiden Sachen zugute kam und wodurch der Zwist in seiner entscheidenden Wichtigkeit verblaßte, ja ihm – wir nehmen Anstand, es zu sagen – der Stempel des Müßigen aufgedrückt wurde. Oder, anders versucht: die witzige Fehde auf Leben und Tod nahm heimlich, auf unterirdische und unbestimmte Weise, beständig Bezug auf das ihr zur Seite wandelnde Format und entnervte sich an diesem Magnetismus. (887)

Peeperkorn repräsentiert *nicht* die Synthese, die Versöhnung oder die Transzendierung der gegensätzlichen Positionen Settembrinis und Naphtas, er ist *nicht* der dritte, bessere Erzieher und auch kein neuer erster, er ist überhaupt nichts – Hans selbst sagt es: „Ja, dieser dumme alte Mann, dies herrscherliche Zero!" (893). Das bedeutet nicht, dass diese Null nicht existiert. Was Peeperkorn fehlt, ist die Spannung, er hat keine Elektrizität, weder Kathode noch Anode. Die gewissermaßen ansteckende Wirkung der Anwesenheit dieser alles entwesenden Null namens Peeperkorn auf das Erzieher-Duo Settembrini und Naphta aber, welches sich allein durch die Polarität der Positionen wechselseitig stabilisieren oder überhaupt halten kann, ist buchstäblich, in einem nunmehr zugleich physiologischen und elektrotechnischen Sinn, *enervierend* und *entladend*:

> So ging das weiter, wir kennen das Spiel, Hans Castorp kannte es. Wir haben mit ihm einen Augenblick hingehört, um zu beobachten, wie, beispielsweise, ein solcher peripatetischer Waffengang sich im Schatten der nebenherwandelnden Persönlichkeit ausnahm, und auf welche Weise etwa diese Gegenwart ihn insgeheim um den Nerv brachte: nämlich so, daß ein heimlicher Zwang zur Bezugnahme auf sie den hin und her springenden Funken tötete und eine Erinnerung an jenes Gefühl matter Leblosigkeit sich aufdrängte, das uns überkommt, wenn eine elektrische Leitung sich als kontaktlos erweist. Gut! So war es. Da war kein Knistern zwischen den Widersprüchen

mehr, kein Sprung des Blitzes, kein Strom, - die Gegenwart, neutralisiert durch den Geist, wie dieser meinen wollte, neutralisierte vielmehr den Geist. (892)

Hans bleibt dieser totale Stromausfall des Erziehungssystems, den die schiere Präsenz Peeperkorns herbeiführt, nicht verborgen. Als Konsequenz seiner Erkenntnis können für den Protagonisten des Bildungsromans die Erzieher nicht mehr Erzieher sein. Da es in jeder pädagogischen Situation der Zögling ist, der seine Erzieher als Erzieher erkennt und anerkennt und ohne diese (An-)Erkenntnis Erziehung unmöglich ist, ist Hansens Erkenntnis des Fehlens jeglichen Stromflusses die Diagnose des Zusammenbruchs einer Erziehungsmöglichkeit: „[D]er Steckkontakt war mausetot!" (893).

Die *tote Leitung* im doppelten Wortsinn (nämlich als fehlender Stromfluss und als nicht stattfindende Pädagogik) ist ein Effekt von Peeperkorns Auftreten als reiner Signifikant ohne Signifikat. Peeperkorn kritisiert keine der einzelnen Positionen und auch nicht beide zusammen, er vereinigt oder überschreitet sie auch nicht, sondern sein leeres, entwesendes Wesen in der Funktion eines elektrischen Isolators entlädt oder entleert das pädagogische System Settembrini/Naphta. Dies geschieht dadurch, dass er beim Kontakt mit ihm dessen Elektrizität entweichen lässt: $(+1) + (0) + (-1) = 0$. Das heißt: (Settembrini) + (Peeperkorn) + (Naphta) = 0.

Goethe hat das Kapitel *Bekenntnisse einer schönen Seele*, Keller hat das Kapitel *Das Meretlein*, Mann hat das Kapitel *Schnee*. Wie im Falle der alles andere als zufälligen Situierung der Kapitel Goethes und Kellers im Gesamttext hat auch Manns *Schnee* seinen höchst spezifischen Ort. Die Notwendigkeit, die diese in allen drei Romanen disparaten Textpartien hervorbringt und an einer genau bestimmten Stelle situiert, lässt sich weder beseitigen, noch auch nur an einen anderen Ort im Gang der Handlung verschieben. Die drei Kapitel bilden nämlich nichts anderes und nichts Geringeres als die Voraussetzung für die Konstituierung des Bildungsromans selbst und die Erreichung seines Zielpunktes. Diese zugleich sachliche und chronologische Notwendigkeit bestimmt ihre Funktion und ihre Platzierung.

Alle Texte der Gattung Bildungsroman besitzen jene Jouissance, die für das Erreichen des Zieles des Bildungsromans unabdingbar notwendig ist. Das Subjekt muss, wie es Lacans Abbildung in ihrer graphischen Evidenz vorführt, den Jouissance-Vektor unbedingt passieren. Die Jouissance ihrerseits bildet den Überschuss des Realen, der in einer paradoxen Weise als Nicht-dem-Symbolischen-Zugehöriges zum Symbolischen gehört. Gerade in Gestalt dieser Paradoxie erscheint sie im Symbolischen. Der Ort und die Erscheinungsweise dieses Überschusses des Realen ist bei Mann das Kapitel mit der Überschrift *Schnee*.

Der an den Ausgangsort zurückführende Kreisgang Hansens, der einen leeren, in sich selbstzurücklaufenden Zyklus – und mithin die Struktur der Wiederholung – konstituiert, wird, wie Lacan ausführt, in seinem Wiederholungs-Charakter von nichts anderem als der Jouissance bedingt. Deren Dialektik aber, so Lacan weiter, besteht darin, dass sie ein gegen das Leben gerichtetes Moment enthält – die Wiederholung ist nicht nur eine Funktion des Lebens, sondern auch seines Gegenteils:

> Ce qui nécessite la répétition, c'est la jouissance, terme désigné en propre. C'est pour autant qu'il y a recherche de la jouissance en tant que répétition, que se produit ceci, qui est en jeu dans le pas du franchissement freudien – ce qui nous intéresse en tant que répétition, et qui s'inscrit d'une dialectique de la jouissance, est proprement ce qui va contre la vie. C'est au niveau de la répétition que Freud se voit, en quelque sorte, contraint, et ce de par la structure même du discours, d'articuler l'instinct de mort.

> Hyperbole, extrapolation fabuleuse, et, à la vérité, scandaleuse, pour quiconque prendrait au pied de la lettre l'identification de l'inconscient et de l'instinct. C'est à savoir ceci, que la répétition n'est pas seulement fonction des cycles que comporte la vie, cycles du besoin et de la satisfaction, mais de quelque chose d'autre, d'un cycle qui emporte la disparition de cette vie comme telle, et qui est le retour à l'inanimé.
> [...] Il suffit de partir du principe du plaisir, qui n'est rien que le principe de moindre tension, de la tension minimale à maintenir pour que la vie subsiste. Cela démontre qu'en soi-même, la jouissance le déborde, et que ce que le principe du plaisir maintient, c'est la limite quant à la jouissance.[40]

Hans will im Durchqueren der Jouissance das Erlebnis des Todes zum Leben führen. Der Tod kann eigentlich nicht erlebt werden, er ist die Grenze des (Er-)Lebens: Er kann nicht überschritten werden. Die Psychoanalyse allerdings behauptet gegen diese vielleicht allzu evidente Evidenz, dass das Subjekt durch das Erlebnis des Todes zum Leben gelangen kann. Durch die Tat (im Lacanschen Sinn) kann das Subjekt in eine Region jenseits des Todes gehen. Nach der Erfahrung des Todes wird das Subjekt entweder endgültig nie wieder geboren oder aber ganz neu geboren. In beiden Fällen bedeutet das Leben für das Subjekt ein nichtexistierendes, unmögliches Leben. Dieses Leben ist nicht identisch mit dem Leben vor der Erfahrung des Todes. Denn unmögliches Leben bedeutet nicht, dass das Leben selbst unmöglich ist, sondern dass unmögliches Leben selbst als Unmöglichkeit existiert. Die Formel „das Erlebnis des Todes zum Leben führen" bedeutet daher nicht, dass ein *Rück*gang zum vorherigen Leben vollzogen wird, sondern dass ein *Über*gang zu einem vollkommen neuen, vom Nichts erschaffenen Leben stattfindet. Dadurch aber, dass das Subjekt durch diese reine und reinste Tat, diese `Tat des Todes´ den Tod buchstäblich über-geht, wird das Symbolische selbst vernichtet.

Dieser Übergang oder diese Übergehung ist gerade die Tat im Lacanschen Sinn. Was Hans im *Schnee*-Kapitel erfährt, ist die zerstörende Kraft des Realen als die reinste Tat. Diese Tat ist die Tat im Realen, die im diametralen Gegensatz zur Tätigkeit im Symbolischen steht. Die Tat erzwingt (in `geschlechtertheoretischer´ Terminologie) den Übergang des Subjekts von der männlichen zur weiblichen Position. Da Hans der (männliche) Protagonist eines Bildungsromans ist, ist dieses Erlebnis im Schnee für diese Gattung schlechthin existenzbedrohend. Die zum Realen gehörende Tat und der mit dem Symbolischen verbundene Bildungsroman sind grundsätzlich unvereinbar. Da der *Zauberberg* zur Gattung des Bildungsromans gehört und damit er zu ihr gehören kann, muss dieses zugleich existenzbedrohende und unverzichtbare, zugleich gefährliche und konstitutive Kapitel notwendigerweise sowohl *eingeschoben* als auch *verdrängt* werden. Der Grund für den Einschub liegt wie bei Goethes *Bekenntnissen einer schönen Seele* und Kellers *Das Meretlein* in der Notwendigkeit des Vorhandenseins eines Schnipsels des Realen. Der Grund für die Verdrängung liegt in der Notwendigkeit des Erreichens des Ziels des Bildungsromans.

Wie Goethes und Kellers entsprechende Kapitel ist auch Manns *Schnee*-Kapitel mit einem Rahmen versehen. Bei Mann wird dieser Rahmen durch den Traum gebildet. Das gesamte Kapitel ist Hansens Traum. Das bedeutet allerdings nicht, dass Hans buchstäblich träumt, sondern dass er im strengen Sinne Lacans träumt: Was das Subjekt im Traum erfährt, erlebt oder eben erträumt, ist nicht die Phantasie oder die Illusion. Im Traum sieht es vielmehr gerade das Reale seines Begehrens. Das Subjekt erwacht *nicht* aus biologischen, physiologi-

---

40 Jacques Lacan: *L'envers de la psychanalyse*. Paris 1991. S.51.

schen oder lebenspraktischen Gründen und auch *nicht* infolge von äußeren Störungen. Selbstverständlich wacht es infolge dieser Ursachen (wenn sie nur hinreichend stark sind) auf – aber aus dem *Schlaf*, nicht aus dem *Traum*. Aus dem *Traum* wacht das träumende Subjekt auf, wenn es in ihm an das Reale stößt. Das ganze sich an dieses Aufwachen anschließende sogenannte Wachleben ist das Weiterschlafen in der Realität, das und die das Subjekt vor der (Wieder-)Begegnung mit dem Realen schützt.

Im Verlauf von Hansens Tages-Leben nach dem Schnee-Erlebnis verblassen der Traum und die auf ihn bezogenen Gedanken: „Was er geträumt, war im Verbleichen begriffen. Was er gedacht, verstand er schon diesen Abend nicht mehr so recht" (751). Der aus dem Schrecken der Begegnung mit dem Realen erwachte Hans verdrängt seinen Traum in der Form des Vergessens. Sobald er aus dem Schnee ins Sanatorium zurückgekehrt, also aus dem Traum in die sogenannte Realität aufgewacht ist, hat er das Erlebnis der *Schnee*-Episode vollständig vergessen. Und auch der Roman erwähnt es mit keinem einzigen weiteren Wort mehr. Wenn dieses *Schnee*-Kapitel nicht als die Form des Traumes betrachtet wird, lässt sich nicht erklären, weshalb Hansens weiteres Leben und Denken durch diese einschneidende Erfahrung keinerlei Veränderung erfahren und weshalb später dieses Erlebnis so restlos verdrängt sein wird, als hätte es in der Wirklichkeit niemals stattgefunden.

Zu Manns Zeit – dem Ende der Moderne – haben die Gestorbenen angefangen Stück für Stück zurückzukehren, wenn auch nicht durch den Haupt-, sondern gewissermaßen durch den Nebeneingang. Zu Goethes und Kellers Zeit sind diejenigen, die das Symbolische bedrohen könnten, immer schon durch ihren symbolischen Tod im Symbolischen eingeschrieben. Aufgrund dieser Ein- und Festschreibung besteht zu Beginn und in der Mitte der Moderne nicht die Gefahr eines Ver- oder Hängenbleibens im Zwischenraum von körperlichem und symbolischem Tod. Zu Manns Zeit – also in jener Zeit, da die Moderne selbst an ihrer Grenze steht – wird die Grenze zwischen den beiden Bereichen durchlässig. Die Gestorbenen fangen an, die Grenzmarke zu überspringen.

Durch den im Zwischenraum sich situierenden lebendigen Tod wird die Stabilität des Symbolischen aufgeweicht; das Symbolische erfährt eine schleichende Auflösung, einen allmählichen Zerfall, eine fortwährende Erosion. Der Vorgang der Überschwemmung des Symbolischen ist durch das Anwachsen einer symbolischen Schuld verursacht, die nicht vollständig und nicht rechtzeitig zurückbezahlt wurde. Die Gestorbenen in Manns Zeit und auf Manns Zauberberg (wo viel gestorben wird) erhalten keine ordnungsgemäße und vollständige Begräbnisfeier, wie sie noch zu Goethes und Kellers Zeit stattfand – der Mangel des Rituals ist das Symptom eines Zerfalls des Symbolischen und zugleich die Ursache seines Fortschreitens. Es findet ein unvollständiges, heimliches Verbergen der Toten statt. Das Begräbnis als Einschreibung ins Symbolische ist die einzige Methode, um der Überflutung des Symbolischen durch das Reale zu wehren.

Diese Feierlichkeit darf weder übereilt noch sorglos oder verkürzt ausgeführt werden. Sie muss ihre angemessene Dauer und ihre adäquate Form bewahren, zu der auch ihre Würde und ihre Publizität gehören. Bei Mann hingegen geschieht der Tod auf dem Berg stets heimlich und inoffiziell, die Verstorbenen (die in einem Tuberkulosezentrum reichlich anfallen) werden einfach beseitigt. Diese *Entsorgung* (in einem logistischen wie in einem psychologischen Sinn des Wortes) ist ein deutliches Beispiel – und zugleich das verallgemeinerungsfähige, repräsentative Paradigma – einer unvollständig vollzogenen Begräbnisfeierlichkeit. Der Tod ist aufgrund dieser Unvollständigkeit nicht stabil im Symbolischen eingeschrieben.

Diese in ihrer Verkürzung und Verheimlichung, ihrer Form- und Würdelosigkeit extreme Reaktion auf den Tod bedeutet, dass das moderne Subjekt am Ende der Moderne die

Überschwemmung durch das Reale bereits wahrgenommen hat. Obwohl die Zauberberg-Bewohner selbst Patienten sind, die von einer zur damaligen Zeit unheilbaren Krankheit heimgesucht worden sind, und obwohl sie von einem Sterben in überproportionalen Ausmaßen umgeben sind, werden das Wort und die Sache Tod, alle Gedanken über den Tod und die Prozeduren von Sterben und Bestattung rigide verdrängt (oder ent-sorgt). Der Tod ist für die Insassen des Zauberbergs ein strenges Tabu. Er muss ohne die Zeugenschaft irgendeines Patienten im Verborgenen erledigt werden. Der Tod findet buchstäblich auf der Rückseits der Bühne statt: die Todesfälle „‚werden diskret behandelt, verstehst du, man erfährt nichts davon oder nur gelegentlich, später, es geht im strengsten Geheimnis vor sich, wenn einer stirbt. […]' ‛Hm', sagte Hans Castorp und zeichnete weiter. ‛Hinter den Kulissen also geht so etwas vor sich.'" (83)

Diese psychische Verdrängung und räumliche Aussperrung des Todes bedeutet nicht, dass die Patienten Angst vor dem (körperlichen) Tod haben, wie eine ungenaue Redeweise sagt. Wovor sie sich fürchten, ist, dass sie nach dem körperlichen Tod nicht den symbolischen Tod erlangen, sondern im Zwischenraum der beiden Tode ewig spuken, unerlöst in den endlosen limbischen Gefilden des lebendigen Todes. Wenn die Patienten in ihren nächtlichen Séancen die „spiritistische Beschwörung Verstorbener" (1014) betreiben, ist die Existenz eines Zwischenraumes zwischen symbolischem und körperlichem Tod bereits vorausgesetzt und zum Gegenstand einer übersinnlichen Praxis geworden. Die hervorgerufenen Verstorbenen können sich nach Beendigung der Totenbeschwörung wieder in ihr Wartezimmer in diesem Zwischenraum zurückziehen, um beim nächsten An- oder Aufruf wieder zu erscheinen. Der Zwischenraum ist ein Wartesaal, aus dem der lebendige Tod jederzeit ins Symbolische zurückkehren kann.

Die bei Goethe (die makaber erzählte Begräbniszeremonie für Mignon) und Keller (die Ent-Schuldung Heinrichs vor Judith) immer schon wirksame Verdrängung der Toten durch das Subjekt hat sich mit dieser übersinnlichen Praxis zu Manns Zeit exakt umgekehrt: statt sie zu verdrängen ruft das Subjekt die Toten ins Symbolische zurück. Das Subjekt in der Spätphase der Moderne *verhindert* den Tod der Verstorbenen. Es reizt die Rückkehr der Verstorbenen heraus und provoziert sie. Dass Verstorbene in den Raum der Lebenden eingreifen können und durch spiritistische Praktiken zu diesem Eingreifen gebracht werden, bedeutet eine Erosion der Grenze zwischen den kategorial geschiedenen Sphären. Die Rückkehr des Realen, das früher vom Subjekt stets verdrängt wurde, steht am Ende der Moderne draußen vor der Tür.

Am Ende des Textes, als Hans, der Protagonist eines Bildungsromans, selbst ins Reale – nämlich ins Reale des Krieges – eintritt (und mit diesem Eintritt sich selbst und die Gattung des Bildungsromans an ihr Ende bringt), findet ein Zusammenfallen im doppelten Sinne von Katastrophe und Koinzident statt: das Symbolische erfährt seinen Kollaps oder seine Katastrophe, die verbliebenen Kategorien des Realen und des Imaginären fallen nach dem Zusammenbruch des Symbolischen in eins zusammen. Den Höhe- oder Tiefpunkt dieser Koinzidenz bzw. dieser Katastrophe bildet der Krieg, an dessen Rand Mann seinen Protagonisten, seinen Roman und die Gattung des Bildungsromans führt – jener Weltkrieg, den die angelsächsischen Länder nach wie vor (und völlig zu Recht) als den Großen Krieg bezeichnen und den die Späteren schon allzu bald mit einer bezeichnenden Ordinalzahl den Ersten Weltkrieg genannt haben werden: Urkatastrophe des 20. Jahrhunderts, Zivilisationsbruch, Untergang Europas.

Während die elektrischen Mikrospannungen einer sich selbst paralysierenden Pädagogik ausgeschaltet sind, werden die politischen Makrospannungen bis zum Durchbrennen aller

Sicherungen hochgefahren. An diesem elektrischen Overkill geht die Epoche der Moderne, für die das Sanatorium steht, zu Ende. Um Hans aus der kurz vor der Explosion stehenden geschichtlichen Situation zu befreien, gibt es nur eine einzige, letzte und vollkommen aporetische Möglichkeit: seine bruchlose Überführung vom Imaginären (des Zauberbergs) ins Reale (des Weltkrieges) – die Sphäre des Symbolischen, in welche die früheren Bildungsromane ihre jeweiligen Protagonisten überführt hatten, existiert ja nicht mehr. Die geopolitische Lage zerstört die außenlose Immanenz, in der sich der Protagonist von Manns spätem Bildungsroman befindet, und katapultiert ihn (ohne sein Zutun und ohne ihn speziell zu meinen) kopfüber auf die Schlachtfelder:

> [E]in historischer Donnerschlag, mit gedämpftem Respekt zu sagen, der die Grundfesten der Erde erschütterte, für uns aber der Donnerschlag, der den Zauberberg sprengt und den Siebenschläfer unsanft vor seine Tore setzt. Verdutzt sitzt er im Grase und reibt sich die Augen. [...] Er zog die Beine unter sich, stand auf, blickte um sich. Er sah sich entzaubert, erlöst, befreit, – nicht aus eigener Kraft, wie er sich mit Beschämung gestehen mußte, sondern an die Luft gesetzt von elementaren Außenmächten, denen seine Befreiung sehr nebensächlich mit unterlief. (1075-1079)

Diese weltweite Explosion, dieser globale Knall weckt den im Zauberberg schlafenden Hans wie die im Wald schlafende Prinzessin. Wie beim Erwachen der Prinzessin, die viele Jahre lang in reinem Schlaf im Wald gelegen hatte, sieht sich auch Hans „entzaubert, erlöst, befreit". Ein Zauber hat prinzipiell vier Voraussetzungen: erstens muss die Prinzessin durch eine äußere Macht verzaubert werden, zweitens erkennt sie während ihrer Verzauberung ihr Verzaubertsein nicht, drittens wird auch die Entzauberung von außen bewirkt, und viertens erkennt die Prinzessin nach ihrer Entzauberung ihr früheres Verzaubertsein. Dieses Prinzip gilt auch für Hans: Er hatte nicht gewusst, dass er im Zauberberg verzaubert war. Erst nach seiner Entzauberung bemerkt er nachträglich seinen früheren Zustand. Entscheidend für seinen Bildungsprozess ist, dass erst jetzt das Wesen des Anderen für Hans erkennbar ist. In einem Zustand wie Wilhelm als Schauspieler im Theater und Heinrich als Maler im Atelier hatte sich auch Hans als Patient des Sanatoriums im Zauberberg befunden – ohne Erkenntnis des Anderen. Die Wahrnehmung des Blickes des Anderen bedeutet, dass das Subjekt sich im Übergang vom Imaginären zum Symbolischen befindet.

In Hansens Fall aber geschieht nicht ein Übergang vom Imaginären zum Symbolischen, sondern unmittelbar vom Imaginären zum Realen. Am Ende seines Weges steht Hans in den *killing fields* des Abendlandes. Dieser Übergang vom hochalpinen Zauberberg in die unübersehbaren Niederungen und Abgründe der Schlachtfelder ist nichts anderes als der Niedergang oder Absturz vom Imaginären ins Reale: „Es ist das Flachland, es ist der Krieg" (1081). Diese Überführung, die den Einzelnen als Opfer eines Schicksals, das den Namen Politik trägt, in der grausamsten Weise von den Spiegelungen des Imaginären in strukturlose Reale stürzt, erfolgt vollkommen abrupt und unvermittelt, weil das Symbolische nicht mehr existiert: der Mangel *im* Symbolischen ist zum Mangel *des* Symbolischen geworden, der unvollkommene Andere zu seiner Liquidierung.

Dieses Fehlen des Symbolischen hatte sich schon zu Beginn des Romans gezeigt, als vom Erzähler die Vorgeschichte des Protagonisten ohne dessen Bewusstsein zusammengefasst und ihm (bzw. genau genommen nur dem Leser) dann nach- oder hinterhergetragen worden war. Am Ende des Romans ist aufgrund des Fehlens des Symbolischen in spiegelsymmetrisch exakter formaler Entsprechung dazu die Erzählung von Hansens Abschied vom Zauberberg bis zu seinem Kriegseinsatz vollkommen ausgespart. Wie am Anfang des Textes die Vorgeschichte des (bzw. dem) Protagonisten fehlt, so an seinem Ende die Nachgeschichte. Der Grund dafür, dass Hans weder eine Vor- noch eine Nachgeschichte, weder eine Herkunft noch eine Zukunft zukommt, liegt im Fehlen des Symbolischen. Die erzählerische Elision jener Zeitspanne, die zwischen dem Abschied vom Zauberberg und dem Eintritt ins Kriegsgeschehen liegt (und eine Fehlanzeige zum Gegenstand der Interpretation werden lässt), ist nicht eine von verschiedenen zur Verfügung stehenden narrativen Möglichkeiten, sondern eine unvermeidliche Notwendigkeit, zu der es keine Alternative gibt.

Selbstverständlich erreicht Hans als Protagonist eines Bildungsromans trotz des Fehlens jenes Symbolischen, welches das Telos und zugleich das Konstituens der Gattung bildet, das Ziel seines Bildungsweges. Der Eintritt ins Reale ist nicht das Scheitern seines Bildungsweges, sondern vielmehr dessen Erfüllung. Am Ende und zum Abschluss des Bildungsweges (und als dessen Reifeprüfung) identifiziert das moderne Subjekt sein Begehren mit dem Begehren des Anderen. In Manns Zeit aber, der Endphase der Moderne, besteht das Begehren des Anderen im Eintritt des Protagonisten ins Reale. Bei den Vorgängern Manns vollzieht sich dieser Eintritt nicht durch Zwang, sondern freiwillig. So auch hier: „Es ist ein Regiment Freiwilliger, junges Blut, Studenten zumeist" (1081). Die Form der freien Wahl ist auch hier gewahrt.

Anders als bei Goethe und Keller ist bei Mann allerdings der Prozess, der zur Wahlentscheidung führt, ausgespart. Auch diese Elision ist nicht willkürlich, sondern unvermeidlich: Denn während zu Anfang und Mitte der Moderne das Resultat der Wahl durch den *Vorgang* gerechtfertigt wird, findet zu Manns Zeit am Ende der Moderne eine Rechtfertigung der Wahl durch das *Ergebnis* statt. An die Stelle einer Legitimation durch Verfahren tritt eine Legitimation durch das Resultat. Aufgrund dieses Wandels der Methode der Legitimation ist es bei Mann folglich gar nicht mehr nötig, jenen in legitimationstheoretischer Hinsicht funktionslos gewordenen Vorgang zu beschreiben, in dem das Subjekt das Begehren des Anderen internalisiert. Das Ergebnis selbst rechtfertigt das Ergebnis.

Freiwillig wie seine Vorgänger im Bildungsroman, als Freiwilliger sogar tritt Hans ins Reale ein. Inmitten des Schlachtfeldes singt Hans dann das Lied vom Lindenbaum. Diese Rezitation bedeutet nicht, dass Manns Held der Romantik zuzurechnen wäre, obwohl Schuberts Lied der Romantik zugehört (wie auch Mignon und der Harfner, diese unablässig Singenden, nicht zur Romantik gehören). In der Geschichte der Literatur existieren nur zwei Typen des Sängers: der Romantiker und der Traumatisierte. Da Hans nicht zur ersten Gattung gehört, gehört er zur zweiten. Dass Hans gerade im Krieg singt, ist der Beweis für seine Traumatisierung.

Žižek führt in *Living in the End Times* die paradoxe Tatsache aus, dass die Zerstörung der narrativen Identität des post-traumatischen Subjekts zugleich deren Geburt ist: Am posttraumatischen Subjekt erweist sich die Nicht-Koinzidenz des Subjekts mit seiner Narration. Es bleibt ein paradoxer, aus Nichts bestehender Rest übrig, der als die Form des Nichts das reine Subjekt des Todestriebes ist – Lacans durchgestrichenes Subjekt, das zugleich eine Antwort *auf das Reale* und *des Realen* ist und in seiner Leere ein Subjekt jenseits des Unbewussten darstellt:

> The properly philosophical dimension of the study of the post-traumatic subject resides in this recognition that what appears as the brutal destruction of the subject's (narrative) substantial identity is also the moment of its birth. The post-traumatic autistic subject is the "living proof" that the subject cannot be identified (does not fully overlap) with the "stories it tells itself about itself," with the narrative symbolic texture

of its life: when all this is taken away, something (or, rather, *nothing*, but a *form* of nothing) remains, and this something is the pure subject of the death drive. The Lacanian subject as $ is thus a response *to and of* the real: a response *to* the real of the brutal meaningless intrusion; and a response *of* the real, that is, a response which emerges when the symbolic integration of the traumatic intrusion fails, reaches its point of impossibility. As such, the subject at its most elementary is indeed "beyond the unconscious": an empty form deprived even of unconscious formations encapsulating a variety of libidinal investments.[41]

An Hansens Traumatisierung bestätigt sich, wie die nachfolgenden Ausführungen zu belegen versuchen, die Wahrheit der Psychoanalyse: Das Verdrängte kehrt bekanntlich stets zurück. Auch bei Goethe mangelt dieses Gesetz nicht, doch bei ihm war die Traumatisierung auf die Nebenfiguren der Mignon und des Harfners beschränkt, die von der Hauptfigur Wilhelm erfolgreich verdrängt werden können. Bei Mann aber ist die Traumatisierung ins Herz der Konzeption und des Personals des Bildungsromans vorgedrungen. Die Hauptfigur Hans selbst ist traumatisiert, das Verdrängte kehrt (streng nach Freud) unverschoben gerade am Ort der Verdrängung selbst wieder. Diese Wiederkehr des Verdrängten am Ort der Verdrängung aber ist nichts anderes die Zerstörung des Bildungsromans selbst. Der Bildungsroman wird an genau jener Instanz zerstört, die die Verdrängungsleistung erbringt.

Wenn Hans als leeres Subjekt das Lied vom Lindenbaum singt, dann singt er genau genommen nicht selbst, sondern das Lied vom Lindenbaum singt sich durch ihn, ihn überschwemmend und sich seiner als Medium bedienend. Nicht er singt, sondern das Lied selbst singt: „Was denn, er singt! Wie man in stierer, gedankenloser Erregung vor sich hinsingt, ohne es zu wissen, so nutzt er seinen abgerissenen Atem, um halblaut für sich zu singen. [...] Er macht sich auf, er taumelt hinkend weiter mit erdschweren Füßen, bewußtlos singend" (1084). Es ist diese Überflutung des Sängers durch das Lied, welche die Traumatisierung der Figur im Realen kennzeichnet.

Der Ort, an dem Hans traumatisiert singt, ist abermals der Zwischenraum zwischen körperlichem und symbolischem Tod. Hans stirbt nicht, er lebt nicht. Als lebendiger Toter spukend, singt er endlos und traumatisiert. Er stürzt in den Abgrund des Todestriebs. Der Erzähler zitiert den Liedtext, den Hans (oder der sich selbst) vorträgt, nicht vollständig, sondern in fragmentarischer Form. Die von ihm ausgesparte Schlussstrophe, die Hans nicht bis zum Ende zu singen vermag, lautet: „Komm her zu mir, Geselle, hier findst du deine Ruh'". Hansens Vortrag des Liedes vom Lindenbaum aber bedeutet gerade nicht, dass er endlich durch seinen Tod Ruhe finden kann, sondern dass er sich wünscht, sterben zu können. Aber er kann (streng nach der Definition des Todestriebes) keine Ruhe finden. Hans sehnt sich nach dieser Ruhe, aber er bleibt in der Endlosschleife des Liedes und des Lebens hängen. Für das traumatisierte Subjekt gibt es keine Ruhe.

Vor seiner Traumatisierung hatte Hans das Lied aus dem Grammophon gehört, nachher singt das Lied selbst. Der Lindenbaum, den Hans auf dem Zauberberg hört, und der Lindenbaum, den er im Krieg singt, sind nicht derselbe Lindenbaum, obwohl es sich um das gleiche Lied handelt. Oben auf dem Zauberberg hört er in dem Lied seinen Todeswunsch, unten auf dem Schlachtfeld singt das Lied seinen Todestrieb. „Sympathie mit dem Tode" (988) und Antipathie gegen den Tod sind kontrastiert. Der Todestrieb ist keine spirituelle Auflösung des Selbst und keine Suspension der Lebensspannung durch die Rückkehr des Organischen in den Zustand des energieärmeren Anorganischen.

---

41 Slavoj Žižek: *Living in the End Times*. London/New York 2010. S.311.

Der Todestrieb ist *nicht* der Todeswunsch. Der Todeswunsch ist die Sehnsucht nach dem Tod. Der Todestrieb ist ein Trieb *gegen den Tod*. Der Todestrieb ist als *Nicht-sterben-Können* ewiges Leben. Er ist eine unendlich wiederholte Rotation, ein endloses im-Kreis-Laufen des Lebens, des Schmerzes, der Qual, der Schuld. Der Todestrieb ist das Unheimliche des Lebens, der Überschuss des Lebens selbst. Der Todestrieb ist jenseits von Leben und Tod situiert, er ist jenseits von Geburt und Untergang. Gerade dieser Zustand ist der Punkt, an dem Hans auf dem Schlachtfeld des Krieges steht. Er ist jetzt als traumatisiertes Subjekt der Todestrieb selbst.

Da Bildungsroman und Reales nicht in Übereinstimmung gebracht werden können, besteht für Mann als Verfasser eines letzten Bildungsromans keine andere Möglichkeit mehr, als den Erzähler von seiner Figur zu separieren. Alle Bildungsromane aber basieren aber auf dem Prinzip jener Eng- oder Parallelführung von Erzählinstanz und Hauptfigur, durch welche sich erst der doppelte Bildungsweg dieser Gattung konstituiert: nämlich der des Helden und der des (durch die Erzählperspektivierung an ihn gebundenen) Lesers. Die Trennung von Erzähler und Protagonist bewirkt demnach zugleich die Trennung von Held und Leser. Die Identifikation des Rezipienten mit der Erzählinstanz bzw. dem Protagonisten, mit dem sie vollkommen solidarisch ist, ist in dem Moment zerbrochen, wo sich der Erzähler von seiner Hauptfigur zurückzieht.

Genau dieser erzählperspektivische Rückzug aber geschieht auf den letzten Seiten von Manns Roman. Mann dissoziiert Erzähler und Protagonist und zugleich Leser und Protagonist: „Und so, im Getümmel, in dem Regen, der Dämmerung, kommt er uns aus den Augen" (1084). Diese Separierung des Erzählers vom Protagonisten (und sein Schulter- bzw. Blickschluss mit dem Leser) hat ihre Ursache genau in der Traumatisierung des Protagonisten durch seinen Eintritt in den Krieg, der das Reale ist: Der Erzähler, der seinem Helden nicht mehr oder nur noch aus der Ferne folgt, zeigt nicht mehr das Ende Hansens – der *point of view* der Narration, die Hansens Gedanken nicht mehr referiert, wechselt, sich gleich einer Kamera in die Totale zurückziehend, von der Personalperspektive ins Panorama des auktorialen Über-Blicks. Am Ende bleibt allein die Erzähler-Perspektive. Es gibt nur noch den Erzähler, aber keinen Protagonisten mehr. Der Erzähler erzählt ohne Protagonisten.

Durch diese Verweigerung der Identifizierung mit dem traumatisierten Protagonisten wird der Leser in der Schlusspassage des Bildungsromans mit dem Blick des Erzählers identifiziert (oder gar infiziert). Dieser Rückzug vom Protagonisten als der Perspektivfigur sowohl des Erzählers als auch des Lesers bedeutet einen zweifachen Schutz vor dem traumatischen Sturz in den Abgrund des Krieges: Die Erzählinstanz bricht buchstäblich ihr Verhältnis (ihren Kontakt oder ihren Kontrakt) mit dem Protagonisten und dem Leser unmittelbar vor der Traumatisierung ab. Ohne diese Distanzierung, ohne diesen Rückzug wäre der Erzähler – und mit ihm der Leser – ins Zentrum des Infernos, in das Auge des Taifuns, ins Herz der Finsternis vorgestoßen, sich selbst und den Leser der Traumatisierung aussetzend. Unter dieser Drohung lässt Mann den Protagonisten alleine. Er lässt ihn ohne Begleitung des Erzählers und Lesers in den Sog des Realen, in die Hölle des Krieges ziehen. Die narratologische *reservatio* ist die einzige Möglichkeit, die der Erzähler eines Bildungsromans in dieser Situation wählen kann.

Diese Lösung aber ist – entgegen der Absicht und trotz des letzten Versuchs des Verfassers in diesem Genre – der Abschied von der Gattung des Bildungsromans selbst. Wenn Leser und Protagonist getrennt sind, ist die an der Internalisierungsleistung des Protagonisten orientierte Internalisierungsleistung des Lesers nicht mehr zu erbringen. Der Bildungsweg kann weder für den Leser noch für den Protagonisten vollendet werden. Der doppelte Wert des Bildungsromans aber besteht (oder hatte bestanden) im Erwerb von Bildung durch seinen Helden und durch seinen Leser. Erzähler und Held eines Bildungsromans (und mit ihnen der Rezipient) sind durch eine einheitliche Perspektive ver- und aneinandergebunden – ohne Rücksicht darauf, ob es sich um eine Er- oder um eine Ich-Erzählung handelt. Die Trennung der Blicke bedeutet daher, dass der Leser dem Protagonisten nicht mehr folgen und die Internalisierung der Identifikation nicht mehr stattfinden kann.

Bei Mann wird zum erstenmal in der Geschichte dieser Gattung am Ende des Textes der Weg von Protagonist und Erzähler gegabelt und auf zwei unterschiedliche Instanzen verteilt. Diese Dissoziation aber, die die Optiken und die Wege von Held und Leser trennt, bedeutet den Verlust der Geltung der Gattung Bildungsroman zugunsten seiner formalen Zuendeführung. Für das Ziel der Vollendung des Bildungsromans zieht und hält Mann den Erzähler vom Protagonisten zurück. Durch diese Maßnahme stützt er seinen Roman und bewahrt ihn vor dem Zusammenbruch.

Im letzten Absatz des Romans heißt es: „Lebewohl, Hans Castorp, des Lebens treuherziges Sorgenkind! Deine Geschichte ist aus" (1085). Diese Verabschiedung Hansens durch den Erzähler ist zugleich die jedes möglichen Bildungsromanprotagonisten und damit der Gattung selbst. Da das Abschiedswort Lebewohl statt Auf Wiedersehen lautet, handelt es sich um einen endgültigen Abschied: Auf Nimmerwiedersehen. Nicht nur Hansens Geschichte ist „aus", sondern auch die der Gattung: Lebewohl, Bildungsroman.

C. Canon a 2 cancrizans

---

42 Johann Sebastian Bach: *Musikalisches Opfer*. In: Ders.: *Neue Ausgabe Sämtlicher Werke*. Bd. VIII: Kanons, Musikalisches Opfer, Kunst der Fuge. Kassel 1974. S.48

Das moderne Subjekt betrachtete seine Zeit – die Zeit der Moderne – stets als ansteigenden Weg, sozusagen als eine unendlich nach oben führende Wendeltreppe. Aber dabei wurde übersehen, dass der Weg nur scheinbar aufwärts führte und in Wirklichkeit stets auf derselben Ebene blieb, die vermeintliche Aufwärts – also in Wahrheit eine Kreisbahn war. Im Fort-Schritt von Goethe über Keller bis zu Mann – und mithin vom Anfang über die Mitte bis zum Ende der Moderne – wurde eine linear ansteigende Entwicklung gesehen. Aber der Weg führte nicht nach oben. Gerade dieser auf dem stets gleichen Niveau verbleibende, drehende, krei-se(l)nde Weg ist die Spur des Bildungsromans als der Gattung der Moderne.

Das visuelle Abbild dieses Genres ist Maurits Cornelis Eschers Lithographie *Treppauf, Treppab*. Bei der nach ihren Urhebern Lionel und Roger Penrose konzipierten Penrose-Treppe, die das Vorbild für Eschers Lithographie abgibt, handelt es sich um die graphische Abbildung einer unendlichen Treppe. Die Aufwärts- oder Abwärts-Bewegung einer Person auf dieser Treppe führt, je nach der eingeschlagenen Bewegungsrichtung, endlos auf- oder abwärts, und doch bleibt die Person immer auf derselben Ebene. Auf Eschers Lithographie mit ihrem quadratisch angeordneten Treppen-Weg geht eine Gruppe von Personen den Abwärts-, eine andere gegenläufig den Aufwärtsweg. Der Weg der emporsteigenden Gruppe kann als der Aufwärtsweg der Moderne betrachtet werden: Nummeriert man die vier Teilstrecken der Treppe, die die Umrisslinie eines Quadrats umläuft, mit den Buchstaben C, D, E und F, erreicht der am Beginn der Strecke C beginnende Treppenbenützer nach einem vollen Umlauf, der in stetigem Treppensteigen besteht, wieder seinen Ausgangspunkt C.

Bei Bachs unendlich steigendem Kanon (der sich wie in Douglas R. Hofstadters wundersamem Buch *Gödel, Escher, Bach* unter dem Begriff der *'Strange Loops'*[43] mit Eschers Graphik verbinden lässt) dagegen liegen zwar Anfangs- und Endpunkt ebenfalls bei C, aber am Ende der ersten Sequenz liegt die Tonhöhe um eine Oktave höher. Mit einer kleinen Transformation von Bachs unendlich ansteigendem *Canon a 2 per Tonos* aber lässt sich Eschers optischer Trick musikalisieren. Die Möglichkeit dazu ergibt sich durch den sogenannten Shepard Tone:

> The fact that one of the two components of pitch is circular in the helical model raises the remarkable possibility that, by appropriately exaggerating that component (viz., tonality), one might be able to bring about a breakdown of transitivity in judgements of relative pitch. In the extreme case, if the dimension of height could somehow be suppressed altogether, all tones an octave apart would be mapped into the same tone; that is, the tonal helix would be collapsed into a tonal circle. Judgments of relative pitch should then become completely circular in the sense that there would be no highest or lowest tone in the set but only an isotropic ring in which every tone has both a clockwise neighbor that is judged higher in pitch and a counterclockwise neighbor that is judged lower in pitch. [44]

Die von Roger Shepard erfundene akustische Sinnestäuschung hört sich an wie eine unendlich steigende oder fallende Tonfolge, die gleichwohl niemals die Grenzen der Gehörkapazität übersteigt. Dabei wird eine *descrescendo*-Tonfolge von einer *crescendo*-Tonfolge exakt an jenem Punkt ersetzt, an welchem die zweite den Anfangston der ersten erreicht. Durch eine kontinuierliche Veränderung der Dynamik (also der Lautstärke) wird die unendliche Wieder-

---

[43] Douglas R. Hofstadter: *Gödel, Escher, Bach*. New York 1979. S.10.
[44] Roger N. Shepard: *"Circularity in Judgements of Relative Pitch"*. In: *The Journal of the Acoustical Society of America*. Vol.36. Nr.12. Dezember 1964. S.2346f.

holung verborgen; es entsteht die Sinnestäuschung des unendlichen Steigens oder Fallens der Tonfolge.

Genau dieses Konzept Shepards lässt sich auf Bachs Kanon anwenden. Dazu sind allerdings zwei Modifikationen notwendig: erstens die Veränderung der Tonhöhe, zweitens die Anwendung der *crescendo-* und *decrescendo-*Dynamik. Erstens: Der Part des Cembalo m.s., das einen Takt später einsetzt als der Violino-Part, ist um eine Oktave tiefer versetzt. Nach der sechsten Wiederholung des Kanons wird der Schlusston des Violinos identisch mit dem ersten Cembalo-Ton: c-Moll. Zweitens: Der Part des Violinos wird *decrescendo* gespielt, der Part des Cembalo m.s. *crescendo*. Durch diese Veränderung der Dynamik fallen nach dem sechsten Durchlauf der letzte Ton des Violinos und der erste Ton des Cembalos zusammen. Durch die Kombination der beiden Modifikationen bewegt sich der modifizierte Bach-Kanon unendlich auf der immer gleichen Ebene. Allerdings muss bei dieser Modifikation das Cembalo m.s. durch ein Klavier (dessen sprechender alter Name bekanntlich Pianoforte lautet) ersetzt werden, weil es nahezu unmöglich ist, auf dem Cembalo *crescendo* und *decrescendo* zu intonieren.

Die Modifikation des Bach-Kanons mittels des Shepard Tone zeigt nichts anderes als die Melodiefolge des Bildungsromans. Wie die steigenden Figuren in Eschers Lithographie sind die Protagonisten des Bildungsromans einen unendlich ansteigenden Weg gegangen, aber dieser Weg war nur eine ewige Rückkehr zum Ausgangspunkt. Das bedeutet freilich nicht, dass Eschers Treppenbenützer und die Protagonisten des Bildungsromans auf ihren Wegen bemerkt hätten, dass sie, obwohl unablässig steigend, ohne Anstieg im Kreis (bzw. im Quadrat) gehen – sie steigen tatsächlich empor. Und nicht nur die Figuren, sondern auch die Betrachter der Lithographie bzw. die Leser der Romane sehen sie tatsächlich aufsteigen.

Diese Logik ist nicht absurd, sondern vollkommen logisch – in Lacans Sinn. Es ist ausschließlich der Blick des Anderen, der diese Logik ermöglicht und hervorbringt:

> Dans le rapport scopique, l'objet d'où dépend le fantasme auquel le sujet est appendu dans une vacillation essentielle, est le regard. Son privilège – et aussi bien ce pour quoi le sujet pendant si longtemps a pu se méconnaître comme étant dans cette dépendance – tient à sa structure même.
>
> Schématisons tout de suite ce que nous voulons dire. Dès que ce regard, le sujet essaie de s'y accommoder, il devient cet objet punctiforme, ce pont d'être évanouissant, avec lequel le sujet confond sa propre défaillance. Aussi, de tous les objets dans lesquels le sujet peut reconnaître la dépendance où il est dans le registre du désir, le regard se spécifie comme insaisissable. C'est pour cela qu'il est, plus que tout autre objet, méconnu, et c'est peut-être pour cette raison aussi que le sujet trouve si heureusement à symboliser son propre trait évanouissant et punctiforme dans l'illusion de la conscience de *se voir se voir*, où s'élide le regard. [45]

Aufgrund der topologischen Struktur des Blickes ist der Blick des Anderen für das Subjekt unwahrnehmbar. Es verkennt, dass es sieht, was es sieht. Der Blick des Betrachters bzw. Lesers *ist* der Blick des Anderen, und zwar immer schon. In Eschers Lithographie *Treppauf, Treppab* ist diese Struktur nur aus einer bestimmten Perspektive möglich: Wenn die Darstellung am Punkt des Richtungswechsels von Nordost nach Südost von der dritten in die zweite Dimension wechselt, dann wird der zwischen den Verbindungspunkten der Treppe liegende Abgrund verborgen. Beginnt der Treppenbenützer seinen Weg in südöstlicher Richtung und geht er dann in südwestlicher, nordwestlicher und schließlich nordöstlicher Richtung treppauf

---

[45] Jacques Lacan: *Les quatre concepts fondamentaux de la psychanalyse*. Paris 1973. S.96f.

weiter, wird er am Ende seines Weges niemals an seinen Ausgangspunkt in der dritten Dimension zurückkehren können. Nur durch die vom Zeichner vorgegebene Position des Betrachters wird der Abgrund perspektivisch verborgen; die Figur im Bild scheint unendlich zu steigen und zugleich immer wieder zum Ausgangspunkt zurückzukehren.

Der springende Punkt an Eschers Bild aber liegt nicht darin, dass die optische Täuschung durch einen Wechsel von der zweiten zur dritten Dimension aufgelöst werden kann, sondern darin, dass die Figur im Gemälde nur unter dem Blick des Anderen emporsteigen kann. Der Blick des Anderen ist dem Weg der Figur immer schon eingeschrieben. Der Blick existiert also nicht außerhalb, sondern gerade innerhalb des Bildes. Der Blick ist nicht auf der Seite des Subjekts, sondern auf der des Objekts. Das Auge des Subjekts sieht zwar das Gemälde, aber der Blick des Objekts im Gemälde erfasst immer schon das Subjekt. Auge und Blick sind in ihrer Struktur asymmetrisch. Der Blick als Objekt ist jener blinde Fleck, durch den der Betrachter nicht objektivierend sehen kann. An jenem Ort, wo das Gemälde den Betrachter ansieht, kann der Betrachter das Gemälde nicht sehen. Der Blick ist dem Gemälde immer schon einkomponiert.

Nicht nur die Figur im Bild, sondern auch der Betrachter außerhalb des Bildes betrachtet, dass die Figur die Treppen ihres Weges unendlich emporsteigt. Dies ist exakt die Struktur des Bildungsromans: Nicht nur der Protagonist im Text, sondern auch der Leser außerhalb des Textes nimmt wahr, dass der Protagonist die Stufen des Bildungsweges unendlich emporsteigt. Ohne den Blick des Anderen kommt im Text bzw. im Bild der Weg beider Figuren (der des Bildes wie der des Bildungsromans) nicht zustande. Dieser Blick des Anderen muss von ihrem Blick identifiziert werden. Das ist gerade die Notwendigkeit der Struktur des Symbolischen.

Wer aber dieser Notwendigkeit ausweichen möchte, hat zwei Möglichkeiten – zwei Möglichkeiten allerdings, die keine sind: Entweder den Treppen-Weg unterwegs abzubrechen oder in die von der Treppe umschlossene Tiefe zu springen. In der Tradition des Bildungsromans ließe sich die erste Alternative (der unterwegs abgebrochene Bildungsweg) als die Unter-Gattung des *Unvollendeten Bildungsromans*, die zweite Alternative (der Sprung in die Tiefe) als die Sub-Kategorie des *Gescheiterten Bildungsromans* bezeichnen. Beide (Schein-)Lösungen aber üben keinerlei Einfluss auf die Stabilität des Symbolischen aus, sondern segeln nur in seinem Schatten: der ideologische Blick des Anderen besteht unkritisiert und unerschüttert fort.

Nur eine einzige Möglichkeit existiert: gerade auf der Treppe den Blick des Anderen zu erkennen und zugleich zu erkennen, dass der Blick des Subjekts den Blick des Anderen immer schon internalisiert hat. Da die optische Täuschung vom Blick des Anderen ermöglicht ist, kann und muss dieser Blick des Anderen nicht von außerhalb des Textes bzw. des Gemäldes, sondern nur innerhalb des Symbolischen selbst erkannt und – durch Suspension und Verweigerung seiner Internalisierung – der Mangel des Symbolischen ausgestellt, exponiert, vorgeführt werden. Die Konsolidierung des Symbolischen innerhalb des Symbolischen zu kritisieren aber ist die Position der *klassischen Moderne*.

Die klassische Moderne entspricht in Bachs *Musikalischem Opfer* dem *Canon a 2 cancrizans*. Dieser Kanon ist präzise die Musikalisierung des Möbiusbandes. Der am Ende des Kanons aufgezeichnete Sopranschlüssel ist auf dem Kopf stehend eingezeichnet. Diese Umkehrung zeigt, dass es sich bei dem Kanon um einen Krebskanon handelt: eine Stimme vorwärts und eine Stimme zurück. Zugleich handelt es sich um einen unendlichen Kanon, da erster und letzter Ton des Kanons identisch sind. Legt man einen Schnitt zwischen die neun Takte des *Thema Regium* und die neun Takte des *Contra Thema*, dreht die beiden Enden des Blattes um ihre eigene Achse und klebt sie zusammen, entsteht das Möbiusband. Beim Spielen wechseln ab dem 10. Takt die Stimmen beider Themen.

Franz Kafkas Roman *Der Verschollene*, der der klassischen Moderne zugehört, ist ein Krebskanon. Die *Lehrjahre* entsprechen dem *Thema Regium*, der *Verschollene* dem *Contra Thema*. Die Absicht Kafkas, den Weg des Bildungsromans rückwärts zu gehen, ist die Kritik der Moderne durch den Bildungsroman als Gattung der Moderne. Das *Thema Regium*, nämlich das Thema des Symbolischen, wird anders als in Bachs Krebskanon nicht mehr aufrechterhalten und zerbricht.

Kafkas Karl ist Wilhelm auf der Rückseite des Spiegels. Liest man Goethes *Lehrjahre* rückwärts, erhält man Kafkas *Verschollenen*. Dies heißt nicht, dass sich Kafkas Roman von der Gegenwart in die Vergangenheit bewegt, sondern in der gleichen Zeitrichtung von der Gegenwart in die Zukunft. Stellt man die *Lehrjahre* vor einen Spiegel, sieht man im Spiegel den *Verschollenen*. Der Weg Wilhelms geht vom Imaginären zum Symbolischen, Kafkas 'Wilhelm hinter dem Spiegel' namens Karl geht vom Symbolischen zum Imaginären.

Der Bildungsweg Karls ist nicht anders als der Wilhelms. Hinter dem Spiegel situiert zu sein bedeutet nicht, dass sich die für den Bildungsweg erforderlichen Charaktereigenschaften verkehren, sondern dass der Bildungsweg in die entgegengesetzte Richtung verläuft. Auch der Umstand, dass andere die Entscheidung über die Stationen des Bildungswegs bestimmen, ist im *Verschollenen* beibehalten. Wie Wilhelm am Anfang seines Bildungsweges von seinem Vater auf eine Geschäftsreise geschickt wird, beginnt auch Karls Weg aufgrund einer Verschickung durch seine Eltern. Von seinem Onkel wird er auf seine zukünftige Stellung als Juniorchef eines Großunternehmens vorbereitet, von der Oberköchin des Hotels Occidental wird er als Liftjunge angeworben, von Brunelda wird er zum Diener der Familie gemacht. Wie Wilhelm (dieser Brief) nicht aus eigener Entscheidung die Stationen seines Bildungsweges abschreitet, wird auch über die Etappen von Karls Bildungsweg von anderen entschieden. Die Passivität vor dem Spiegel wandelt sich hinter dem Spiegel nicht in Aktivität, sondern bleibt identisch. Der Spiegel reflektiert Passivität als Passivität. Mit der identischen Passivität aber geht Karl, dieser 'Wilhelm hinter dem Spiegel', den Weg seines Vorgängers in umgekehrter Richtung.

Diese Logik der Weg-Umkehrung gilt auch für das Verhältnis von Symbolischem und Imaginärem. Noch ehe Karl an Land geht, begegnet er in seinem Onkel einem Retter, der ihn wie ein Abgesandter der Turmgesellschaft ins Symbolische einführt. Aber die Mitglieder von Kafkas Turmgesellschaft sind – im diametralen Gegensatz zu jener der *Lehrjahre* – einig im Bestreben, Karl gerade aus dem Symbolischen *hinaus*zubefördern.

Die Kontrafaktur des Spiegels setzt sich fort: *Vor* dem Spiegel hatte der Protagonist des Bildungsromans die erzwungene Wahl. Als Ergebnis der Wahl findet der Eintritt ins Symbolische statt. *Hinter* dem Spiegel erfolgt zuerst der Eintritt ins Symbolische, und erst danach die erzwungene Wahl. 'Wilhelm hinter dem Spiegel' trifft diese Wahl wie 'Karl vor dem Spiegel'. Erzwungene Wahl bedeutet nicht, dass A von Anfang an nicht ausgewählt werden kann und aufgrund dieser Unmöglichkeit A aufgegeben und B ausgewählt wird. Aufgabe und Auswahl, die im Widerspruch zueinander stehen, können nicht unter einem gemeinsamen Begriff zusammengefasst werden, denn die Aufgabe zerstört selbst die Form der Wahl. Erzwungene Wahl bedeutet, trotz der Möglichkeit, A auszuwählen, B auszuwählen. Das bedeutet nicht, dass das Subjekt A auswählen kann; diese Möglichkeit ist eine reine, leere Geste. Nur durch diese Geste kann die Form der Wahlmöglichkeit aufrechterhalten werden. Diese Geste erhält den Schein einer Wahlmöglichkeit aufrecht: ein scheinbarer Übergang von der Unmöglichkeit zur Möglichkeit.

Auch Karl erhält diese Wahlmöglichkeit, als er im Kapitel „Ein Landhaus bei New York" vor die Alternative Besuch bei Pollunder (A) – Bleiben beim Onkel (B) gestellt wird. Wie frühere Bildungsromanprotagonisten auch, bekommt Karl den Wahlbogen mit der Alternative Freiheit (A) oder Symbolisches (B). A ist nicht prinzipiell verboten. Der 'Bildungsromanprotagonist vor dem Spiegel' gibt in der Tat die Freiheit auf, er wählt das Symbolische – aber mittels der leeren Geste: so, als ob er die Freiheit nicht aufgegeben hätte. Für den Bildungsromanprotagonisten ist die Wahl von A von Anfang an ausgeschlossen. Denn sobald er die Freiheit auswählt, kann er nicht ins Symbolische eintreten. Er würde einfach aus dem Symbolischen eliminiert. Karl aber, der 'Bildungsromanprotagonist hinter dem Spiegel' wählt A. Das Ergebnis dieser Wahl ist sein Austritt aus dem Symbolischen.

Genaugenommen aber *wählt* Karl A nicht. Das bedeutet nicht, dass er B ausgewählt oder der Onkel seine Entscheidung missverstanden oder manipuliert hätte. Karl hat keine Wahl getroffen. Karl hat A nicht ausgewählt, sondern A wurde ihm zugewiesen und aufgenötigt. Bei der Wahlszene ist er zwar anwesend, aber das entscheidende, die Wahl eröffnende Gespräch findet über seinen Kopf hinweg zwischen Pollunder und dem Onkel statt. Es handelt sich also nicht um ein Gespräch zwischen dem Subjekt und dem Anderen, sondern zwischen zwei kleinen anderen, die den großen Anderen mediieren. Vor dem Spiegel fungierten die kleinen anderen als Wahlhelfer für den Protagonisten des Bildungsromans, hinter dem Spiegel aber sind sie die Erzwinger einer Wahl, die überdies fatale Konsequenzen hat.

Diese Wahl ist selbstverständlich nicht die ethische Tat im Sinne Lacans, nämlich dass das Subjekt von sich aus A wählt, um durch diese Wahl die Gefahr der Konfrontation mit dem Symbolischen bewusst auf sich zu nehmen. Das Subjekt der Tat lehnt das Symbolische ab. Es verliert alles und wird nichts. Karl hingegen ist kein Subjekt gegen die Subjektivierung. Er hat sein Schicksal nicht selbst gewählt, sondern zugemessen bekommen. Trotz dieser erzwungenen Wahl nimmt er diese Wahl als seine eigene und internalisiert ihr Resultat. Diese Internalisierung ist die Folge der formalen Wahlfreiheit: der Schein der freien Wahl ermöglicht die aktive Verinnerlichung der aufgezwungenen Wahl. Die Autonomie der Wahl ist Karls Illusion.

Im Verhältnis von Symbolischem und Imaginärem nimmt Kafka also eine Umkehrung der *Bewegungsrichtung* vor. In der Darstellung von Objekt a hingegen ereignet sich eine Umkehrung der *Seitenansicht*. In Lacans Theorie hat das Objekt a immer zwei Aspekte: Erstens verbirgt es den Mangel des Symbolischen; dadurch ermöglicht es das Funktionieren der Phantasieformel. Zweitens gehört es topologisch nicht zum Symbolischen; als nicht Dazugehörendes birgt es immer das Potential zu einem Jenseits des Symbolischen. Im Bildungsroman der Moderne wird für den erfolgreichen Eintritt ins Symbolische jeweils nur der erste Aspekt visualisiert, die andere Seite bleibt latent.

Kafkas Text hingegen lässt Objekt a hinter den Spiegel treten, sodass nunmehr die dunkle Seite manifest wird. Klara, die Tochter der kafkaschen Turmgesellschaft, hat als Objekt a exakt die entgegengesetzte oder spiegelverkehrte Funktion wie Nathalie: unter ihrer Mithilfe – sie muss Karl „hierherlocken"[46] – wird Karl aus dem Symbolischen hinausgeworfen. In Kafkas Text wird der bei Goethe, Keller und Mann verdrängte *femme fatale*-Aspekt von Objekt a aktualisiert. Für Karl ist Klara eine Bedrohung, vor der er Angst hat und die den körperlich Unterlegenen zuletzt mittels einer fernöstlichen Kampftechnik überwältigt. Klara, diese „tolle Katze" (91), ist Nathalie als „Amazone" (226), die die Männer schlachtet, Judith als „Lorelei" (I, 186), die die Männer ersäuft, Claudia als „Lilith" (496), die den Mann rui-

---

46 Franz Kafka: *Der Verschollene*. In: Ders.: *Schriften Tagebücher Briefe*. Kritische Ausgabe. Frankfurt a.M. 1983. S.120. (Im Folgenden werden Zitate nach dieser Ausgabe im fortlaufenden Text mit bloßer Seitenangabe belegt.)

niert. Durch diese Wiederkehr der anderen Seite von Objekt a ist die Funktion der Phantasieformel zerstört.

Hinter dem Spiegel geht Karl seinen Bildungsweg immer weiter rückwärts. Zunächst kommt der Eintritt ins Symbolische, dann die erzwungene Wahl und schließlich die Konfrontation mit der Angst. Wilhelm war ins Symbolische eingetreten, um seine Angst zu verdrängen, die aus der Konfrontation mit dem unverständlichen Begehren der Anderen entstanden war. Die Szene von Karls erstem Zusammentreffen mit Brunelda bezeichnet am klarsten das Wesen der Angst im Sinne Lacans, wie sie im Seminar X über *L'angoisse* beschrieben ist:

> Que représente le désir de l'Autre en tant que survenant par ce biais? C'est là que le signal prend sa valuer. S'il se produit en un endroit que l'on peut appeler topologiquement le moi, il concerne bien quelqu'un d'autre. Si le moi est le lieu du signal, ce n'est pas pour le moi que le signal est donné. C'est bien évident. Si ça s'allume au niveau du moi, c'est pour que le sujet soit averti de quelque chose, à savoir d'un désir, c'est-à-dire d'une demande qui ne concerne aucun besoin, qui ne concerne rien d'autre que mon être même, c'est-à-dire qui me met en question. Disons qu'il m'annule. En principe, il ne s'adresse pas à moi comme présent, il s'adresse à moi, si vous voulez, comme attendu, et bien plus encore comme perdu. Il sollicite ma perte, pour que l'Autre s'y retrouve. C'est cela qui est l'angoisse.[47]

Karl wird in der Szene bei Brunelda von dieser (wie um die Etymologie des Wortes ʾAngstʾ zu verbildlichen, welche die *Enge* bezeichnet) in die Ecke des Balkons gezwängt. Brunelda kommt ihm buchstäblich zu nah, er wird von ihrer Nähe förmlich überwältigt. Zwischen Brunelda und Karl mangelt der Mangel. Der Abgrund ihres unbegreiflichen Begehrens überwältigt Karl. Bei Lacan liegt das Eintreten der Angst an jenem Punkt, an dem der Andere dem Subjekt abstandslos auf den Leib rückt. Wenn der Mangel nicht als leere Form erhalten bleibt, sondern von Präsenz erfüllt wird, kann das Subjekt diese Mangellosigkeit des Mangels nicht ertragen und verfällt der Angst. Der Augenblick, in dem die Distanz zwischen dem Subjekt und dem Anderen annulliert wird, ist nicht der Moment der Erfüllung des Begehrens, sondern des Erlöschens des Subjekts. Das Subjekt sieht sich mit der Grenzsituation konfrontiert, vom Anderen buchstäblich verschlungen zu werden. Es empfindet die Angst nicht dann, wenn etwas fehlt, sondern wenn der Andere den Mangel des Subjekts mit seiner Präsenz zu erfüllen scheint.

In der Szene des ersten Zusammentreffens mit Brunelda wendet der zwischen Brunelda und Geländer eingepferchte Karl in seiner Angst alle seine Kräfte auf, seinen Blick aus der Einsperrung ins Außerhalb des Balkons zu richten, um die aufdringliche, absolute Anwesenheit des Anderen zu durchbrechen. Seine verzweifelten Anstrengungen sind die einzige Möglichkeit, die Distanz zum Anderen wiederherzustellen, sich Luft zum Atmen zu verschaffen, damit eine dritte Position zwischen Subjekt und Anderem eingefügt werden kann und das Subjekt nicht zusammenbricht. Die Beschreibung der außerhalb des Balkon-Gefängnisses liegenden Umgebung muss als reine Form ohne Inhalt gelesen werden. Diese formale Seite einer reinen Form des Außenraums, die eine dritte Position markiert, ist entscheidend, um sich von dem erstickenden Binnenraum loszulösen. Aus vollen Kräften versucht Karl, seine Befreiung zu erreichen.

Aber diese Anstrengung bleibt aufgrund des (Über-)Gewichts der Übermacht vergeblich:

---

47 Jacques Lacan: *L'angoisse*. Paris 2004. S.179.

Sieh mal den Kleinen", sagte Brunelda, „er vergißt vor lauter Schauen, wo er ist." Und sie überraschte Karl und drehte mit beiden Händen sein Gesicht sich zu, so daß sie ihm in die Augen sah. Es dauerte aber nur einen Augenblick, denn Karl schüttelte gleich ihre Hände ab, und ärgerlich darüber, daß man ihn nicht ein Weilchen lang in Ruhe ließ und gleichzeitig voll Lust auf die Straße zu gehen und alles von der Nähe anzusehen, suchte er sich nun mit aller Kraft vom Druck Bruneldas zu befreien und sagte:
„Bitte, lassen Sie mich weg. (330)

Das letztliche Scheitern von Karls Befreiungsversuch bedeutet nicht, dass er nicht sein Bestes getan hätte. Was er tut, *ist* sein Bestes. Da Karl der `Bildungsromanprotagonist hinter dem Spiegel´ ist, gibt es keine Möglichkeit, aus der Angst herauszutreten. Der `Bildungsromanprotagonist *vor* dem Spiegel´ war mit der Angst vor dem unbegreiflichen Abgrund des Anderen konfrontiert. Um diese Angst vor dem Abgrund zu verbergen, hatte er die Funktion der Phantasie eingeführt, um mit ihr die Frage des Anderen zu beantworten. Im Gegensatz dazu steht Karl *hinter* dem Spiegel. Er geht den Bildungsweg rückwärts. Daher kann er nach der Erfahrung der Angst nicht die Phantasie einführen – vor ihm liegt einzig noch das Imaginäre.

Der Subjekts-Vektor von Lacans vollständigem Graph kehrt sich im Spiegel um. Während Wilhelm durch die Phantasieformel vom unvollkommenen zum vollkommenen Anderen fortschreitet, gelangt Karl durch sie vom vollständigen zum unvollständigen Anderen. Je mehr Kafkas `Wilhelm hinter dem Spiegel´ sich bemüht, desto größer ist sein Scheitern. Nach diesem Spiegel-Prinzip gelangt Karl endlich in das Imaginäre des Theaters von Oklahoma. Da er den umgekehrten Weg vom Symbolischen zum Imaginären geht, wird mit seiner Ankunft im Imaginären die Tür geschlossen und nie wieder geöffnet. Denn vor dem Anfang gibt es keinen Ausweg.

Am Ende des Romans tritt (oder fährt) Karl mit dem Zug nach Oklahoma ins Imaginäre ein. Es ist gerade derselbe auf den Zauberberg hinaufführende Zug, mit dem Hans am Beginn des Romans ins Imaginäre eintritt. Der Bildungsweg vor dem Spiegel führt vom Imaginären zum Symbolischen, der Bildungsweg hinter dem Spiegel führt vom Symbolischen ins Imaginäre. Der Anfang wird zum Ende, das Ende zum Anfang. Das aber ist gerade die Struktur des Krebskanons: Die Zeit läuft vorwärts, aber der Weg führt rückwärts. An der Oberfläche des Spiegels treffen Anfang und Ende zusammen.

Schmerzhaft ist, dass Karl, obwohl er beständig abstürzt, dies selbst nicht erkennt und nach dem Abstieg immer wieder auf tieferem Niveau aufzusteigen versucht. Wie auf Eschers Lithographie *Treppauf, Treppab* glaubt er immer wieder emporzusteigen, aber das Ergebnis ist ein dauernder Absturz. Karl in Kafkas Roman *ist* die absteigende Figur in Eschers Bild. Die Protagonisten vor dem Spiegel gehen sehr fleißig aufwärts, die Protagonisten hinter dem Spiegel gehen sehr fleißig abwärts. Beide sind Leistungsethiker des Fleißes. Die Fleißigkeit vor dem Spiegel ist die vorwärtsstreibende Kraft, die Fleißigkeit hinter dem Spiegel ist die rückwärtsstreibende Kraft. Der Betrag der Kraft bleibt der gleiche, nur die Richtung des Kraftvektors kehrt sich um. Darin liegt gerade die Tragödie des Bildungsromanprotagonisten hinter dem Spiegel.

Im letzten Bild des Romans schließlich verschwindet das Subjekt:

Sie fuhren zwei Tage und zwei Nächte. Jetzt erst begriff Karl die Größe Amerikas.
[...]
    Am ersten Tag fuhren sie durch ein hohes Gebirge. Bläulichschwarze Steinmassen giengen in spitzen Keilen bis an den Zug heran, man beugte sich aus dem

Fenster und suchte vergebens ihre Gipfel, dunkle schmale zerrissene Täler öffneten sich, man beschrieb mit dem Finger die Richtung, in der sie sich verloren, breite Bergströme kamen eilend als große Wellen auf dem hügeligen Untergrund und in sich tausend kleine Schaumwellen treibend, sie stürzten sich unter die Brücken über die der Zug fuhr und sie waren so nah daß der Hauch ihrer Kühle das Gesicht erschauern machte. (418f.)

Da Kafka Goethes Text vor den Spiegel stellt, treffen sich die Protagonisten der beiden Romane an der Spiegelfläche. Erschreckend sieht Wilhelm, dass Karl verschwindet. In diesem Prozess des Verschwindens verschwindet zusammen mit Karl der Krebskanon selbst.

D. Post Canonem

---

48 Johann Sebastian Bach: *Musikalisches Opfer*. In: Ders.: *Neue Ausgabe Sämtlicher Werke.* Bd. VIII: Kanons, Musikalisches Opfer, Kunst der Fuge. Kassel 1974. S.20. (von der Verfasserin verändert)

So endet der Kanon.

So beginnt der Kanon – der schweigende Kanon. In diesem Kanon ist die Melodie des Schweigens zu hören: der letzte Kanon.
Der Kanon der Moderne war *das literarische Opfer*. Nach der Moderne – im Zwischenraum von Moderne und Postmoderne, in dem das traumatisierte Subjekt erblüht – wird das literarische Opfer als Gabe zum literarischen Opfer als Preisgabe: die Literatur wird buchstäblich geopfert. Der Kanon nach der Moderne ist *das menschliche Opfer*.

Jeder Kanon hat sein eigenes Thema: das musikalische Opfer das Thema Friedrichs des Großen, das literarische Opfer das Thema des ′Anderen des Großen′, das menschliche Opfer das Thema des ′Über-Ich des Großen′. Es gibt ein Datum, an dem der Kanon nach der Moderne anhebt: den 21. März 1933. Der Tag von Potsdam, der Tag der Eröffnung des neuen Reichstages im nationalsozialistischen Deutschland, ist der Tag der Väter. Es ist nicht der Tag eines einzigen Vaters – es gibt keinen Tag des Vaters, sondern nur den Tag der Väter.

Es sind drei Väter: Urvater, symbolischer Vater und Über-Ich. Sie treffen an diesem Tag zusammen: Der Tag von Potsdam beginnt in der Garnisonkirche, wo Friedrich Wilhelm I und Friedrich der Große ruhen. Hitler legt Kränze an beiden Gräbern nieder. Friedrich Wilhelm I, der Soldatenkönig, ist der Urvater, Friedrich der Große der symbolische Vater, Hitler das Über-Ich. Mit der Kranzniederlegung gibt das Über-Ich das Thema des letzten Kanons vor: Auslöschung des Subjekts. Dieser Kanon nach der Moderne existiert tatsächlich: als Kanon des Schweigens, dessen Thema die Vernichtung seiner Noten ist. Der schweigende Kanon ertönt, solange die Themenvorgabe in Kraft ist. Um ihn werkgetreu aufzuführen, muss er schweigend intoniert werden – die Intonation ist gerade das Schweigen. Das Subjekt nach der Moderne löst sich in nichts auf, das menschliche Opfer tönt lautlos durch die Lüfte.

Der Kanon weint.

Literaturverzeichnis

I. Primärliteratur

Bach, Johann Sebastian: *Musikalisches Opfer*. In: Ders.: *Neue Ausgabe Sämtlicher Werke*. Bd. VIII: Kanons, Musikalisches Opfer, Kunst der Fuge. Kassel 1974
Goethe, Johann Wolfgang von: *Wilhelm Meisters Lehrjahre*. In: Ders.: *Werke*. Hamburger Ausgabe. Bd.VII: Romane und Novellen II. München 1998
Kafka, Franz: *Der Verschollene*. In: Ders.: *Schriften Tagebücher Briefe*. Kritische Ausgabe. Frankfurt a.M. 1983
Keller, Gottfried: *Der grüne Heinrich*. In: Ders.: *Sämtliche Werke*. Historisch-Kritische Ausgabe. Zürich 2006
Mann, Thomas: *Der Zauberberg*. In: Ders.: *Werke-Briefe-Tagebücher*. Große Kommentierte Frankfurter Ausgabe. Bd. V.I. Frankfurt a. M. 2002
Rousseau, Jean-Jacques: *Émile ou de l'éducation*. In: Ders.: *Œuvres complètes*. Bd. IV. Paris 1969

II. Sekundärliteratur

Althusser, Louis: *Sur la reproduction*. Paris 1995
Butler, Judith u. Laclau, Ernesto u. Žižek, Slavoj: *Contingency, Hegemony, Universality*. London/New York 2000
Copjec, Joan: *Read My Desire*. Cambridge 1994
Hofstadter, Douglas R.: *Gödel, Escher, Bach*. New York 1979
Hörisch, Jochen: *Gott, Geld und Glück*. Frankfurt a.M 1983
Jacobs, Jürgen: *Wilhelm Meister und seine Brüder*. München 1972
Lacan, Jacques: *Écrits*. Paris 1966
Lacan, Jacques: *Les quatre concepts fondamentaux de la psychanalyse*. Paris 1973
Lacan, Jacques: *Les écrits techniques de Freud*. Paris 1975
Lacan, Jacques: *Encore*. Paris 1975
Lacan, Jacques: *Le moi dans la théorie de Freud et dans la technique de la psychanalyse*. Paris 1978
Lacan, Jacques: *Les psychoses*. Paris 1981
Lacan, Jacques: *L'éthique de la psychanalyse*. Paris 1986
Lacan, Jacques: *L'envers de la psychanalyse*. Paris 1991
Lacan, Jacques: *La relation d'objet*. Paris 1994
Lacan, Jacques: *Les formations de l'inconscient*. Paris 1998
Lacan, Jacques: *Le transfert*. Paris 2001
Lacan, Jacques: *L'angoisse*. Paris 2004
Lacan, Jacques: *Le sinthome*. Paris 2005
Lacan, Jacques: *D'un Autre à l'autre*. Paris 2006
Lacan, Jacques: *D'un discours qui ne serait pas du semblant*. Paris 2006
Mayer, Gerhart: *Der deutsche Bildungsroman*. Stuttgart 1992
Moretti, Franco: *The Way of the World*. London/New York 2000
Salecl, Renata (Hg.): *Sexuation*. Durham/London 2000

Santner, Eric L. u. Reinhard, Kenneth u. Žižek, Slavoj: *The Neighbor*. Chicago/London 2005
Schrader, Monika: *Mimesis und Poiesis*. Berlin 1975
Selbmann, Rolf: *Der deutsche Bildungsroman*. Stuttgart 1984
Shepard, Roger N.: *"Circularity in Judgements of Relative Pitch"*. In: *The Journal of the Acoustical Society of America*. Vol.36. Nr.12. Dezember 1964
Sorg, Klaus-Dieter: *Gebrochene Teleologie*. Heidelberg 1983
Swales, Martin: *The German Bildungsroman from Wieland to Hesse*. Princeton 1978
Žižek, Slavoj: *The Sublime Object of Ideology*. London/New York 1989
Žižek, Slavoj: *Looking Awry*. Cambridge/London 1992
Žižek, Slovej: *Tarrying with the Negative*. Durham 1993
Žižek, Slavoj: *The Plague of Fantasies*. London/New York 1997
Žižek, Slavoj: *The Ticklish Subject*. London/New York 2000
Žižek, Slavoj: *The Fragile Absolute*. London/New York 2001
Žižek, Slavoj: *Welcome to the Desert of the Real*. London/New York 2002
Žižek, Slavoj: *The Metastases of Enjoyment*. London/New York 2005
Žižek, Slavoj: *The Parallax View*. Cambridge/London 2006
Žižek, Slavoj: *The Indivisible Remainder*. London/New York 2007
Žižek, Slavoj: *Enjoy Your Symptom*. New York/London 2008
Žižek, Slavoj: *In Defense of Lost Causes*. London/New York 2008
Žižek, Slavoj: *For They Know Not What They Do*. London/New York 2008
Žižek, Slavoj: *Living in the End Times*. London/New York 2010
Zupančič, Alenka: *Ethics of the Real*. London/New York 2000

MÜNCHENER STUDIEN ZUR LITERARISCHEN KULTUR IN DEUTSCHLAND

Herausgegeben von Oliver Jahraus
Gegründet von Renate von Heydebrandt, Georg Jäger und Jürgen Scharfschwerdt

Band 1 Karlheinz Well: Die ‚schöne Seele' und ihre ‚sittliche Wirklichkeit'. Überlegungen zum Verhältnis von Kunst und Staat bei Hegel. 1986.

Band 2 Ingrid Petrasch: Die Konstitution von Wirklichkeit in der Prosa Thomas Bernhards. Sinnbildlichkeit und groteske Überzeichnung. 1987.

Band 3 Ulrich Dannenhauer: Heilsgewißheit und Resignation. Solgers Theorie der absoluten Ironie. 1988.

Band 4 Stefan Dreyer: Schriftstellerrollen und Schreibmodelle im Exil. Zur Periodisierung von Lion Feuchtwangers Romanwerk 1933–1945. 1988.

Band 5 Jörg Theilacker: Der erzählende Musiker. Untersuchung von Musikerzählungen des 19. Jahrhunderts und ihrer Bezüge zur Entstehung der deutschen Nationalmusik. 1988.

Band 6 Ulrich Johannes Beil: Die Wiederkehr des Absoluten. Studien zur Symbolik des Kristallinen und Metallischen in der deutschen Literatur der Jahrhundertwende. 1988.

Band 7 Dieter Lehner: Individualanarchismus und Dadaismus. Stirnerrezeption und Dichterexistenz. 1988.

Band 8 Bernhard Kleinschmidt: Die „gemeinsame Sendung". Kunstpublizistik der Wiener Jahrhundertwende. 1989.

Band 9 Angelika Jodl: Der schöne Schein als Wahrheit und Parteilichkeit. Zur Kritik der marxistischen Ästhetik und ihres Realismusbegriffs. 1989.

Band 10 Michael Ansel: G.G. Gervinus' *Geschichte der poetischen National-Literatur der Deutschen*. Nationbildung auf literaturgeschichtlicher Grundlage. 1990.

Band 11 Angela Schmitt-Gläser: Politik und Roman. Der Zeitungsroman in der „Münchner Post" als Zeugnis der kulturpolitischen Verbürgerlichung der SPD. Eine Untersuchung für das Jahr 1930. 1991.

Band 12 Martin Huber: Text und Musik. Musikalische Zeichen im narrativen und ideologischen Funktionszusammenhang ausgewählter Erzähltexte des 20. Jahrhunderts. 1992.

Band 13 Frank Hafner: ‚Heimat' in der sozialistischen Gesellschaft. Der Wandel des DDR-Bildes im Werk Günter de Bruyns. 1992.

Band 14 Eckhard-Ehmke Sohns: Der Leser Carl Einsteins. Zu einer Kritik der Interpretation in den frühen Texten. 1992.

Band 15 Friederike Meyer: Gefährliche Psyche. Figurenpsychologie in der Erzählliteratur des Realismus. 1992.

Band 16 Oliver Jahraus: Das ‚monomanische' Werk. Eine strukturale Werkanalyse des Oeuvres von Thomas Bernhard. 1992.

Band 17 Dorothea Englert: Literatur als Reflexionsmedium für Individualität. Systemtheoretische Studien zur Funktion des ästhetischen Sinnangebots bei Schiller und Novalis. 1993.

Band 18 Christina Althen: Machtkonstellationen einer deutschen Revolution. Alfred Döblins Geschichtsroman „November 1918". 1993.

Band 19 Hans A. Kaufmann: Nation und Nationalismus in Schillers Entwurf „Deutsche Größe" und im Schauspiel „Wilhelm Tell". Zu ihrer kulturpolitischen Funktionalisierung im frühen 20. Jahrhundert. 1993.

Band 20 Matthias Nöllke: Daniel Spitzers *Wiener Spaziergänge*. Liberales Feuilleton im Zeitungskontext. 1994.

Band 21 Michael Günther: B = Börse + Bordell. Franz Richard Behrens. Wortkunst, Konstruktivismus und das Verschwinden der Lyrik. 1994.

Band 22 Heribert Kuhn: Das Bibliomenon. Topologische Analyse des Schreibprozesses von Robert Musils „Vereinigungen". 1994.

Band 23 Ethel Matala de Mazza: Dichtung als Schau-Spiel. Zur Poetologie des jungen Hugo von Hofmannsthal. 1994.

Band 24 Tobias Heyl: Zeichen und Dinge, Kunst und Natur. Intertextuelle Bezugnahmen in der Prosa Thomas Bernhards. 1995.

Band 25 Dieter Wenk: Postmodernes Konversationstheater. Wolfgang Bauer. 1995.

Band 26 Caroline Pross: Falschnamenmünzer. Zur Figuration von Autorschaft und Textualität im Bildfeld der Ökonomie bei Jean Paul. 1997.

Band 27 Claudia Streit: (Re-)Konstruktion von Familie im sozialen Roman des 19. Jahrhunderts. 1997.

Band 28 Nikolai Vogel: E. T. A. Hoffmanns Erzählung *Der Sandmann* als Interpretation der Interpretation. 1998.

Band 29 Julia Encke: Kopierwerke. Bürgerliche Zitierkultur in den späten Romanen Fontanes und Flauberts. 1998.

Band 30 Gerlinde Anna Wosgien: Literarische Frauenbilder von Lessing bis zum Sturm und Drang. Ihre Entwicklung unter dem Einfluß Rousseaus. 1999.

Band 31 Cornelia Voss: Textgestaltung und Verfahren der Emotionalisierung in der BILD-Zeitung. 1999.

Band 32 Birgit Roser: Mythenbehandlung und Kompositionstechnik in Christa Wolfs *Medea. Stimmen*. 2000.

Band 33 Maximilian Giuseppe Burkhart: Dekonstruktive Autopoiesis – Paradoxe Strukturen in Kleists Trauerspiel *Penthesilea*. 2000.

Band 34 Die Struktur medialer Revolutionen. Festschrift für Georg Jäger. Herausgegeben von Sven Hanuschek, Nina Ort, Kirsten Steffen und Rea Triyandafilidis. 2000.

Band 35 Melanie Klier: *Kunstsehen* – Literarische Konstruktion und Reflexion von Gemälden in E.T.A. Hoffmanns *Serapions-Brüdern* mit Blick auf die Prosa Georg Heyms. 2002.

Band 36 Anne-Cécile Foulon: *De l'art pour tous*. Les éditions F. Bruckmann et leurs revues d'art dans Munich ville d'art vers 1900. 2002.

Band 37 Simon Bunke: Figuren des Diskurses. Studien zum diskursiven Ort des unteren Figurenpersonals bei Fontane und Flaubert. 2005.

Band 38 Daniel Krause: *Postmoderne* – Über die Untauglichkeit eines Begriffs der Philosophie, Architekturtheorie und Literaturtheorie. 2007.

Band 39 Oliver Jahraus / Marcel Schellong / Simone Hirmer (Hrsg.): Beobachten mit allen Sinnen. Grenzverwischungen, Formkatastrophen und emotionale Driften. Eine Festschrift für Bernd Scheffer. 2008.

Band 40 Frank-Uwe Straßner: Gegenwart und Gegenwelten im Deutschlandbild Thomas Manns. 2010.

Band 41 Tanja Prokić / Anne Kolb / Oliver Jahraus (Hrsg.): Wider die Repräsentation. Präsens/z Erzählen in Literatur, Film und Bildender Kunst. 2011.

Band 42 Harald Münster: Das Buch als Axt. Franz Kafka differenztheoretisch lesen. 2011.

Band 43 Eun Ju Suh: Der Bildungsroman als Literarisches Opfer. 2011.

www.peterlang.de

Meike Reher

Die Darstellung von Musik im zeitgenössischen englischen und amerikanischen Bildungsroman

Peter Ackroyd, Vikram Seth, Richard Powers, Frank Conroy, Paul Auster

Frankfurt am Main, Berlin, Bern, Bruxelles, New York, Oxford, Wien, 2010.
361 S.
Europäische Hochschulschriften.
Reihe 14: Angelsächsische Sprache und Literatur. Bd. 453
ISBN 978-3-631-59930-3 · br. € 59,80*

Die Studie untersucht musikalische Thematisierungen und strukturelle Affinitäten in zeitgenössischen englischen und amerikanischen Bildungsromanen. Im Gegensatz zu bisher vorliegenden Arbeiten zielt sie auf eine gattungsspezifische Perspektive. Die Autorin untersucht, wie der Bildungs- und Identitätsprozess des männlichen Protagonisten durch die Musik unterstützt wird und weist einen grundlegenden Funktionswandel des Genres nach. Im zeitgenössischen Bildungsroman wird Musik zu einem dystopisch eingefärbten Symbol für Isolation und Eskapismus bis hin zu einem Substitut personaler wie sozialer Identität.

Aus dem Inhalt: (Re)konstruktion der Identität im postmodernen Diskurs · „The Novel after Postmodernism" · Der zeitgenössische englische Bildungsroman: Funktionshypothesen und Funktionswandel · Der amerikanische Bildungsroman: Gründungsmythos und freie Selbstbestimmung · Musik in der Literatur: mehr als eine Metapher? · Funktionen der Musik · Das narrative Potential der Musik

Frankfurt am Main · Berlin · Bern · Bruxelles · New York · Oxford · Wien
Auslieferung: Verlag Peter Lang AG
Moosstr. 1, CH-2542 Pieterlen
Telefax 00 41 (0) 32 / 376 17 27

*inklusive der in Deutschland gültigen Mehrwertsteuer
Preisänderungen vorbehalten
Homepage http://www.peterlang.de